FRANCISCO, NUEVO PAPA

FRANCISCO, NUEVO PAPA

Javier Fernández Malumbres

EDIBESA

© Edibesa Ediciones, 2013
  Francisco, nuevo Papa

Dirección:
Madre de Dios, 35 bis. 28016 Madrid
Teléf.: 91 345 19 91
Fax: 91 350 50 99
E–mail: edibesa@edibesa.com
Web: edibesa@edibesa.com

ISBN: 978-84-15662-73-0
Depósito Legal: M-10196-2013

Maquetación: Verónica Navarro
Imprime: RIGORMA
Impreso en España – Printed in Spain

ÍNDICE

El día 13 de marzo, 115 cardenales se encontraban reunidos en la Capilla Sixtina con una misión delicada, la de decidir el sucesor de Benedicto XVI, quien había renunciado un mes antes al papado. Era el segundo día del cónclave, y estaban en la quinta votación cuando uno de los candidatos allí presentes, el cardenal Bergoglio, arzobispo de Buenos Aires, alcanzaba holgadamente la mayoría necesaria.

La fumata blanca anunciaba que la elección del 266° sucesor de san Pedro estaba consumada, pero los congregados en la Plaza de San Pedro aún no sabían quién era el elegido, y tendrían que esperar más de una hora para conocer su nombre... y para verle. A través de la Vía de la Conciliazione, una riada de gente acudía a la Plaza de San Pedro para vivir en directo la primera aparición pública del nuevo obispo de Roma y pastor de la Iglesia universal, y emisoras de todo el mundo, presentes en la plaza, se aprestaban para transmitir el acontecimiento.

Fue una sorpresa. Jorge Mario Bergoglio era el primer Papa latinoamericano y el primer Papa jesuita. Ya entonces, cuando salió al balcón central de la Basílica de San Pedro y saludó a la multitud, transmitió la sensación de ser un hombre sencillo y cercano. Dijo que los cardenales habían ido a buscar un obispo para Roma "al fin del mundo", rezó con la gente y añadió: "Ahora, comenzamos este camino: Obispo y pueblo. Este camino de la Iglesia de Roma, que es la que preside en la caridad a todas las Iglesias. Un camino de fraternidad, de amor, de confianza entre nosotros. Recemos siempre por nosotros: el uno por el otro. Recemos por todo el mundo, para que haya una gran fraternidad".

Se despidió con un "nos vemos pronto... Buenas noches y que descanséis".

Para la mayoría de los presentes en la plaza y de quienes seguían el acontecimiento por la televisión, era la primera vez que tenían la oportunidad de fijarse en él. Vestía más sobriamente que sus predecesores, y parecían evidentes su sencillez y el deseo de alejarse de las manifestaciones ampulosas que, a lo largo de los siglos, se han ido adhiriendo a la Iglesia... "El Espíritu Santo ha acertado plenamente, ha dado en la diana", afirmaba el cardenal Carlos Amigo.

Las jornadas siguientes estuvieron cargadas de gestos significativos del Papa. Pero antes de relatar estos gestos de manera pormenorizada, volvamos por breve tiempo la mirada hacia atrás y vayamos al 11 de febrero, cuando su predecesor, Benedicto XVI, renunció, un hecho con muy pocos precedentes en la larga y compleja historia de la Iglesia. Fue entonces cuando se abrieron las intensas semanas, llenas de novedades, que se recogen en estas páginas.

CAPÍTULO 1

RENUNCIA DE BENEDICTO XVI

Cuando Benedicto XVI anunció su renuncia, el día 11 de febrero, tenía 85 años. Aquella mañana estaban reunidos en la Sala de Consistorio del Palacio Apostólico vaticano los cardenales de la Curia y los miembros de la llamada Casa Pontificia, el conjunto de personas del entorno más próximo al Papa. Habían sido convocadas para una cuestión ordinaria: la canonización de los beatos Antonio Primaldo (1480), Laura de Santa Catalina de Siena Montoya y Upegui (1874–1949) y María Guadalupe García Zavala (1878–1963). Cuando aquel encuentro iba a terminar, y una vez el Papa había decretado que los citados beatos fuesen canonizados el 12 de mayo de 2013, saltó aquella novedad, que alteraba por completo las previsiones y las agendas de todos los presentes. Les dijeron que no se marchasen, que esperasen un poco porque el

Papa quería comunicarles una decisión importante, y Benedicto XVI se dirigió a ellos, en latín, para decirles que, tras haberlo pensado bien, había "llegado a la certeza" de que, "por la edad avanzada", ya no tenía fuerzas para ejercer adecuadamente el ministerio petrino.

El texto leído por Benedicto XVI ese día llevaba al pie fecha de la víspera, 10 de febrero, y decía literalmente:

"Queridísimos hermanos,

Os he convocado a este Consistorio, no sólo para las tres causas de canonización, sino también para comunicaros una decisión de gran importancia para la vida de la Iglesia. Después de haber examinado ante Dios reiteradamente mi conciencia, he llegado a la certeza de que, por la edad avanzada, ya no tengo fuerzas para ejercer adecuadamente el ministerio petrino. Soy muy consciente de que este ministerio, por su naturaleza espiritual, debe ser llevado a cabo no únicamente con obras y palabras, sino también y en no menor grado sufriendo y rezando. Sin embargo, en el mundo de hoy, sujeto a rápidas transformaciones y sacudido por cuestiones de gran relieve para la vida de la fe, para gobernar la barca de san Pedro y anunciar el Evangelio, es necesario también el vigor tanto del cuerpo como del espíritu, vigor que, en los últimos meses, ha disminuido en mí de tal forma que he de reconocer mi inca-

pacidad para ejercer bien el ministerio que me fue encomendado. Por esto, siendo muy consciente de la seriedad de este acto, con plena libertad, declaro que renuncio al ministerio de Obispo de Roma, Sucesor de san Pedro, que me fue confiado por medio de los Cardenales el 19 de abril de 2005, de forma que, desde el 28 de febrero de 2013, a las 20.00 horas, la sede de Roma, la sede de san Pedro, quedará vacante y deberá ser convocado, por medio de quien tiene competencias, el cónclave para la elección del nuevo Sumo Pontífice".

Y el Papa concluyó:

"Queridísimos hermanos, os doy las gracias de corazón por todo el amor y el trabajo con que habéis llevado junto a mí el peso de mi ministerio, y pido perdón por todos mis defectos. Ahora, confiamos la Iglesia al cuidado de su Sumo Pastor, Nuestro Señor Jesucristo, y suplicamos a María, su Santa Madre, que asista con su materna bondad a los Padres Cardenales al elegir el nuevo Sumo Pontífice. Por lo que a mí respecta, también en el futuro, quisiera servir de todo corazón a la Santa Iglesia de Dios con una vida dedicada a la plegaria".

Como se ve, el Papa daba la cuestión por zanjada, de forma que señalaba incluso el día y la hora en que comenzaría la sede vacante: el 28 de febrero, a las 20 horas.

Uno de los cardenales que se encontraban allí en aquel encuentro, el alemán Walter Kasper, presidente emérito del Pontificio Consejo para la Promoción de la Unidad de los Cristianos, describió así las reacciones de los presentes:

"Al principio nos quedamos todos completamente perplejos y sorprendidos. Se hizo un silencio y no sabíamos qué decir. Naturalmente, había respeto por la decisión. Hay que reconocer que es también un signo de grandeza cuando se articula y se habla de la propia debilidad física, cuando se dice que ya no se está en condiciones de ejercer el cargo de la manera que uno mismo espera. Esa humildad y esa grandeza fue reconocida".

Muy pocos estaban prevenidos y sabían que aquello iba a ocurrir. Entre estos se encontraba el cardenal Angelo Sodano, decano del Colegio Cardenalicio, como resultó evidente cuando leyó un texto que traía preparado, orientado a manifestar al Papa su cercanía y la de todos los cardenales, y que decía, entre otras cosas:

"Le hemos escuchado con una sensación de extravío y casi de incredulidad. En sus palabras hemos notado el gran afecto que siempre ha tenido por la Santa Iglesia de Dios, por esta Iglesia que ha amado tanto. Ahora, permítame decirle, en nombre de este cenáculo apostólico –el Colegio cardenalicio–, en nombre de estos queridos colaboradores suyos, que estamos más que nunca cerca de su persona, como hemos estado durante estos casi ocho años luminosos de su pontificado".

"Santo Padre, antes del 28 de febrero, como Usted ha dicho, día en que desea poner la palabra "fin" a su servicio pontifical, llevado a cabo con tanto amor, con tanta humildad; antes del 28 de febrero, podremos expresarle mejor nuestros sentimientos; así harán también tantos pastores y fieles esparcidos por el mundo y tantos hombres de buena voluntad junto a las autoridades de tantos países... También, en este mes, tendremos la alegría de escuchar su voz de pastor: ya el miércoles de Ceniza, el jueves con el clero de Roma, en los ángelus de estos domingos, en las audiencias de los miércoles habrá tantas ocasiones de escuchar todavía su voz paternal... Su misión, sin embargo, continuará: Usted ha dicho que estará siempre cerca de nosotros con su testimonio y su oración. Si, las estrellas siguen siempre brillando en el cielo y así brillará en medio de nosotros, la estrella de su pontificado. Estamos cerca de Usted, Santo Padre, y le pedimos que nos bendiga".

Quien conocía seguramente la decisión con más antelación fue Georg Ratzinger, hermano de Benedicto XVI, que fue maestro musical catedralicio de Ratisbona, ya retirado y autor del libro "Mi hermano el Papa". Calificó la decisión de "proceso natural" debido a motivos de salud y de edad. Añadió que el Papa tenía cada vez más dificultades para andar, lo que complicaba su vida pública y que su hermano quería "más tranquilidad a esta edad".

Motivos y consecuencias de la renuncia

Resulta evidente en Benedicto XVI el efecto del paso de los años y su mayor debilidad general, pero la mayoría de los observadores cree que han influido también en su decisión los problemas a los que ha tenido que hacer frente este Papa emérito, en particular los de su entorno más cercano.

El 25 de febrero, el Papa recibió en audiencia a los cardenales Julián Herranz, Jozef Tomko y Salvatore De Giorgi, autores de un informe, encargado por él, sobre el llamado "caso Vatileaks", y ese día una nota de la Sala de Prensa del Vaticano comunicó la decisión del Papa de que "este informe, cuyo contenido conoce solamente Su Santidad, permanezcan exclusivamente a disposición del nuevo Pontífice". ¿Había sido el contenido de este informe, con todo el contexto que le rodeaba, la gota que colmaba el vaso? Parece razonable pensarlo. Con todo, afirmó aquellos días el patriarca de Lisboa, José Policarpo, "los motivos reales que le llevaron a sentirse sin fuerza solo los sabe él".

Respecto a las consecuencias de la decisión, es claro que las tendrá. "En conversaciones con algunos cardenales, dijo el cardenal Walter Kasper, salía el comentario de que se trata de una ruptura en la historia del Papado, que tendría consecuencias en el próximo Pontificado. No quiero decir que sentará precedente, pero se cambia la manera de ver el Papado, lo desacraliza en cierto sentido. Y convierte el cargo de alguna manera también en algo humano, pone de manifiesto claramente que detrás está un hombre que se hace mayor y que tiene que luchar contra los inconvenientes de la vejez. Se ha abierto una nueva fase del Papado".

El *escritor y teólogo estadounidense Scott Hahn*, profesor de teología bíblica en la Universidad Franciscana de Steubenville (Estados Unidos), en declaraciones a ACI Prensa afirmaba: *"La opción de Joseph Ratzinger demuestra que el pontificado no es un cargo de poder sino de servicio"*. "Este podría ser el acto de servicio más humilde y obediente que él puede hacer según su propia conciencia". Los católicos "pensamos en la Iglesia como una familia", y en las familias "llega el momento en que un padre se vuelve anciano y enfermo, que uno de los gestos más profundos de amor puede ser entregar las cosas al siguiente en la línea". "Puedes ver esto también en las Escrituras, David renunciando como rey, y nombrando a Salomón antes de su muerte".

Derecho y, en ciertas circunstancias, deber de renunciar

Benedicto XVI, en respuesta a las preguntas de un periodista, había dejado dicho que la renuncia del Papa era una posibilidad abierta. Así lo encontramos en el libro–entrevista "Luz del mundo", donde le contestó a su entrevistador, Peter

Seewald: "Si el Papa llega a reconocer con claridad que, física, psíquica y mentalmente no puede ya con el encargo de su oficio, tiene el derecho y, en ciertas circunstancias, también el deber de renunciar". Igualmente, como es sabido, había realizado gestos simbólicos ante la tumba de Celestino V, un papa eremita, con fama de santo, elegido a finales del siglo XIII y que renunció a los pocos meses. La elección de este Papa tuvo lugar como último recurso, tras un periodo de división del colegio cardenalicio, que había prolongado la sede vacante durante más de dos años.

El 28 de abril de 2009, durante su visita a L´Aquila con motivo del fuerte terremoto que se produjo en esta zona, Benedicto XVI oró y dejó el palio papal en la tumba de citado pontífice, pero la trascendencia de aquél acto simbólico sólo se ha visto plenamente después.

La sorpresa fue grande. La noticia de la dimisión del Papa corrió como la pólvora. La primera en informar fue la agencia italiana Ansa, en un despacho de prensa con el título "El Papa dimite y abandona el pontificado". Las reacciones fueron innumerables. En España, el cardenal Antonio María Rouco, Presidente de la Conferencia Episcopal, escribía una nota en nombre de todos los obispos de nuestro país: "Estamos afectados y como huérfanos por esta decisión que nos llena de pena, pues nos sentíamos seguros e iluminados por su riquísimo magisterio y por su cercanía paternal".

Palabras de los últimos días de pontificado

Ese "riquísimo magisterio", al que hace referencia la declaración del cardenal Rouco, no se interrumpió en los últimos días de pontificado de Benedicto XVI. Al contrario; lo que dijo esos días ha sido calificado por algunos de "testamento espiritual".

Una parte de sus palabras estuvieron orientadas a explicar su renuncia y a despedirse. Así el 13 de febrero, miércoles de Ceniza, en el Aula Pablo VI, dijo:

"Como sabéis –gracias por vuestra simpatía– he decidido renunciar al ministerio que el Señor me ha confiado el 19 de abril de 2005. Lo he hecho con plena libertad por el bien de la Iglesia, tras haber orado durante mucho tiempo y haber examinado mi conciencia ante Dios, muy consciente de la importancia de este acto, pero consciente al mismo tiempo de no estar ya en condiciones de desempeñar el ministerio petrino con la fuerza que éste requiere".

Añadió:

"Me sostiene y me ilumina la certeza de que la Iglesia es de Cristo, que no dejará de guiarla y cuidarla. Agradezco a todos el amor y la plegaria con que me habéis acompañado. Gracias. En estos días nada fáciles para mí, he sentido casi físicamente la fuerza que me da la oración, el amor de la Iglesia, vuestra oración. Seguid rezando por mí, por la Iglesia, por el próximo Papa. El Señor nos guiará".

En el ángelus del 24 de febrero, al comentar la experiencia vivida por los discípulos de Jesús en el monte Tabor, señaló:

"Esta Palabra de Dios la siento especialmente dirigida a mí, en este momento de mi vida. El Señor me ha llamado a subir al monte, para dedicarme aún más a la oración y a la meditación. Pero esto no significa abandonar la Iglesia; en efecto, si Dios me pide esto es sólo para que yo pueda seguir sirviéndola con la misma dedicación y el mismo amor con que he intentado hacerlo hasta ahora, pero de una manera más adecuada para mi edad y para mis fuerzas".

Fue sobre todo en la audiencia general del día 27 de febrero en la que el Papa se explayó más y en la que utilizó un lenguaje más cordial y cercano. Era el último encuentro público (al día siguiente, se marcharía a Castelgandolfo) y la sensibilidad estaba a flor de piel. No sólo la suya, sino también la de algunos de sus colaboradores más próximos, como se puso de manifiesto cuando el cardenal Tarcisio Bertone, secretario de Estado, tuvo para el Papa unas palabras de agradecimiento, cerradas por un larguísimo aplauso y acompañadas con las lágrimas del secretario personal del Papa, el arzobispo Georg Gänswein, y de muchos de los presentes. "Os he querido a todos y cada uno, dijo, sin distinciones".

Algunos de los párrafos de aquella intervención fueron:

- *"En este momento, mi alma se ensancha y abraza a toda la Iglesia esparcida por el mundo".*

- *"Siento que llevo a todos en la oración, en un presente que es el de Dios, donde recojo cada encuentro, cada viaje, cada visita pastoral".*

- *"En este momento, tengo una gran confianza, porque sé, sabemos todos, que la Palabra de verdad del Evangelio es la fuerza de la Iglesia, es su vida!*

Dijo que había vivido "momentos de alegría y de luz, pero también momentos no fáciles", momentos "en los que las aguas se agitaban y el viento era contrario", en los cuales "el Señor parecía dormir".

- *"Cuando el 19 de abril de hace casi ocho años acepté asumir el ministerio petrino, tuve esta firme certeza que siempre me ha acompañado: la certeza de la vida de la Iglesia por la Palabra de Dios. En aquel momento, como ya he expresado varias veces, las palabras que resonaron en mi corazón fueron: Señor, ¿por qué me pides esto y qué me pides? Es un peso grande el que pones en mis hombros, pero si Tú me lo pides, por tu palabra echaré las redes, seguro de que Tú me guiarás, también con todas mis debilidades. Y ocho años después puedo decir que el Señor realmente me ha guiado, ha estado cerca de mí, he podido percibir cotidianamente su presencia. Ha sido un trecho del camino de la Iglesia, que ha tenido momentos de alegría y de luz, pero también momentos no fáciles; me he sentido como san Pedro con los apóstoles en la barca en el lago de Galilea: el Señor nos ha dado muchos días de sol y de brisa suave, días en los que la pesca ha sido abundante; ha habido también momentos en los que las aguas se agitaban y el viento era contrario, como en toda la historia de la Iglesia, y el Señor parecía dormir. Pero siempre supe que en esa barca estaba el Señor y siempre he sabido que la barca de la Iglesia no es mía, no es nuestra, sino que es suya. Y el Señor no deja que se hunda; es Él quien la conduce, ciertamente también a través de los hombres que ha elegido, pues así lo ha querido. Ésta ha sido y es una certeza que nada puede empañar. Y por eso hoy mi corazón está lleno de gratitud a Dios, porque jamás ha dejado que falte a toda la Iglesia y tampoco a mí su consuelo, su luz, su amor”.*

– *“Estamos en el Año de la fe, que he proclamado para fortalecer precisamente nuestra fe en Dios en un contexto que parece rebajarlo cada vez más a un segundo plano. Desearía invitaros a todos a renovar la firme confianza en el Señor, a confiarnos como niños en los brazos de Dios, seguros de que esos brazos nos sostienen siempre y son los que nos permiten caminar cada día, también en la dificultad. Me gustaría que cada uno se sintiera amado por ese Dios que ha dado a su Hijo por nosotros y que nos ha mostrado su amor sin límites. Quisiera que cada uno de vosotros sintiera la alegría de ser cristiano. En una bella oración para recitar a diario por la mañana se dice: "Te adoro, Dios mío, y te amo con todo el corazón. Te doy gracias porque me has creado, hecho cristiano...". Sí, alegrémonos por el don de la fe; es el bien más precioso, que nadie nos puede arrebatar. Por ello demos gracias al Señor cada día, con la oración y con una vida cristiana coherente. Dios nos ama, pero espera que también nosotros lo amemos."*

Dijo que no había tomado la decisión de dimitir para bien propio sino de la Iglesia:

– *"En estos últimos meses, he notado que mis fuerzas han disminuido, y he pedido a Dios con insistencia, en la oración, que me iluminara con su luz para tomar la decisión más adecuada no para mi propio bien, sino para el bien de la Iglesia. He dado este paso con plena conciencia de su importancia y también de su novedad, pero con una profunda serenidad de ánimo. Amar a la Iglesia significa también tener el valor de tomar decisiones difíciles, sufridas, teniendo siempre delante el bien de la Iglesia y no el de uno mismo".*

– *"Permitidme aquí volver de nuevo al 19 de abril de 2005. La seriedad de la decisión reside preci-*

samente también en el hecho de que a partir de aquel momento me comprometía siempre y para siempre con el Señor. Siempre –quien asume el ministerio petrino ya no tiene ninguna privacidad. Pertenece siempre y totalmente a todos, a toda la Iglesia. Su vida, por así decirlo, viene despojada de la dimensión privada. He podido experimentar, y lo experimento precisamente ahora, que uno recibe la vida justamente cuando la da. Antes he dicho que muchas personas que aman al Señor aman también al Sucesor de san Pedro y le tienen un gran cariño; que el Papa tiene verdaderamente hermanos y hermanas, hijos e hijas en todo el mundo, y que se siente seguro en el abrazo de vuestra comunión; porque ya no se pertenece a sí mismo, pertenece a todos y todos le pertenecen".

– *"El "siempre" es también un "para siempre"–ya no existe una vuelta a lo privado. Mi decisión de renunciar al ejercicio activo del ministerio no revoca esto. No vuelvo a la vida privada, a una vida de viajes, encuentros, recepciones, conferencias, etcétera. No abandono la cruz, sino que permanezco de manera nueva junto al Señor Crucificado. Ya no tengo la potestad del oficio para el gobierno de la Iglesia, pero en el servicio de la oración permanezco, por así decirlo, en el recinto de San Pedro".*

Algunos de los periodistas que han seguido más de cerca las actividades del Papa durante su pontificado, y que le han acompañado en sus viajes, dicen que han observado cómo, poco a poco, Benedicto XVI ha ido siendo cada vez menos profesor y más pastor, y las palabras de su última audiencia general son una muestra de eso.

Invitación a superar rivalidades

Otros mensajes de Benedicto XVI durante sus últimos días de pontificado estuvieron orientados a volcar ideas significativas para el momento actual de la Iglesia. Así, en la homilía de la misa del Miércoles de Ceniza alertó ante elementos que desfiguran el rostro de la Iglesia, "en particular, en las culpas contra la unidad de la Iglesia, en las divisiones en el cuerpo eclesial", e invitó a vivir la Cuaresma "en una más intensa y evidente comunión eclesial, superando individualismos y rivalidades".

"Hoy muchos están dispuestos a «rasgarse las vestiduras» ante escándalos e injusticias, cometidos naturalmente por otros, pero pocos parecen dispuestos a obrar sobre el propio «corazón», sobre la propia conciencia y las intenciones, dejando que el Señor transforme, renueve y convierta".

"El profeta, por último, se detiene sobre la oración de los sacerdotes, los cuales, con los ojos llenos de lágrimas, se dirigen a Dios diciendo: «No

entregues tu heredad al oprobio, no la dominen los gentiles; no se diga entre las naciones: ¿Dónde está su Dios?» (v.17). Esta oración nos hace reflexionar sobre la importancia del testimonio de fe y vida cristiana de cada uno de nosotros y de nuestras comunidades para mostrar el rostro de la Iglesia y de cómo en ocasiones este rostro es desfigurado. Pienso, en particular, en las culpas contra la unidad de la Iglesia, en las divisiones en el cuerpo eclesial. Vivir la cuaresma en una más intensa y evidente comunión eclesial, superando individualismos y rivalidades, es un signo humilde y precioso para los que están lejos de la fe o son indiferentes".

"Lo que Jesús subraya es que lo que caracteriza la autenticidad de todo gesto religioso es la calidad y la verdad de la relación con Dios. Por esto denuncia la hipocresía religiosa, el comportamiento que quiere aparentar, las actitudes que buscan el aplauso y la aprobación. El verdadero discípulo no sirve a sí mismo o al "público", sino a su Señor, en la sencillez y en la generosidad".

Complementariamente, en la audiencia general de ese mismo día alertó ante la búsqueda "del propio éxito, del propio prestigio, de la propia posición". Recordó la necesidad de no instrumentalizar a Dios y de ponerle realmente a él, y no a intereses propios, en el centro de todo.

"Es la propuesta de instrumentalizar a Dios, de utilizarle para los propios intereses, para la propia gloria y el propio éxito. Y por lo tanto, en sustancia, de ponerse uno mismo en el lugar de Dios, suprimiéndole de la propia existencia y haciéndole parecer superfluo. Cada uno debería preguntarse: ¿qué puesto tiene Dios en mi vida? ¿Es Él el Señor o lo soy yo?".

"Superar la tentación de someter a Dios a uno mismo y a los propios intereses, o de ponerle en un rincón, y convertirse al orden justo de prioridades, dar a Dios el primer lugar, es un camino que cada cristiano debe recorrer siempre de nuevo. «Convertirse», una invitación que escucharemos muchas veces en Cuaresma, significa seguir a Jesús de manera que su Evangelio sea guía concreta de la vida; significa dejar que Dios nos transforme, dejar de pensar que somos nosotros los únicos constructores de nuestra existencia; significa reconocer que somos creaturas, que dependemos de Dios, de su amor, y sólo «perdiendo» nuestra vida en Él podemos ganarla. Esto exige tomar nuestras decisiones a la luz de la Palabra de Dios. Actualmente ya no se puede ser cristiano como simple consecuencia del hecho de vivir en una sociedad que tiene raíces cristianas: también quien nace en una familia cristiana y es formado religiosamente debe, cada día, renovar la opción de ser cristiano, dar a Dios el primer lugar, frente a las tentaciones que una cultura secularizada le

propone continuamente, frente al juicio crítico de muchos contemporáneos".

"Convertirse significa no encerrarse en la búsqueda del propio éxito, del propio prestigio, de la propia posición, sino hacer que cada día, en las pequeñas cosas, la verdad, la fe en Dios y el amor se transformen en la cosa más importante".

"Recibo muchas cartas de personas humildes"

Y en todos sus discursos estuvo presente el agradecimiento, tanto a sus colaboradores en la Curia como al pueblo cristiano. Benedicto XVI no se cansó de dar las gracias a todos. Los fieles respondieron con la misma moneda acudiendo masivamente a los actos presididos por él, y en todos ellos fueron frecuentes las pancartas o los carteles con expresiones llenas de afecto.

En la audiencia general del 27 de febrero dijo:

"En este momento, desearía dar las gracias de todo corazón a las numerosas personas de todo el mundo que en las últimas semanas me han enviado signos conmovedores de delicadeza, amistad y oración. Sí, el Papa nunca está solo; ahora lo experimento una vez más de un modo tan grande que toca el corazón. El Papa pertenece a todos y muchísimas personas se sienten muy cerca de

él. Es verdad que recibo cartas de los grandes del mundo –de los Jefes de Estado, de los líderes religiosos, de los representantes del mundo de la cultura, etcétera. Pero recibo también muchísimas cartas de personas humildes que me escriben con sencillez desde lo más profundo de su corazón y me hacen sentir su cariño, que nace de estar juntos con Cristo Jesús, en la Iglesia. Estas personas no me escriben como se escribe, por ejemplo, a un príncipe o a un personaje a quien no se conoce. Me escriben como hermanos y hermanas o como hijos e hijas, sintiendo un vínculo familiar muy afectuoso. Aquí se puede tocar con la mano qué es la Iglesia –no una organización, una asociación con fines religiosos o humanitarios, sino un cuerpo vivo, una comunión de hermanos y hermanas en el Cuerpo de Jesucristo, que nos une a todos. Experimentar la Iglesia de este modo, y poder casi llegar a tocar con la mano la fuerza de su verdad y de su amor, es motivo de alegría, en un tiempo en que tantos hablan de su declive. Pero vemos cómo la Iglesia hoy está viva".

Finalmente, en la tarde del 2 de marzo, Benedicto XVI abandonó el Palacio Pontificio para dirigirse a Castelgandolfo, su residencia provisional hasta la terminación de las obras en el monasterio Mater Ecclesiae, situado dentro de los jardines vaticanos, donde permanecerá "escondido para el mundo", pero "siempre con vosotros", según la expresión que utilizó al despedirse de los párrocos de Roma.

"Vosotros sabéis, que el día de hoy es distinto al de otras veces precedentes", les dijo a los fieles congregados allí para recibirle. "Ya no soy Sumo Pontífice de la Iglesia Católica (hasta las ocho aún lo seré, luego ya no). Soy simplemente un peregrino que inicia la última etapa de su peregrinación en esta tierra".

CAPÍTULO 2

ELECCIÓN DEL PAPA FRANCISCO

Con Benedicto XVI en Castelgandolfo, los cardenales comenzaron a reunirse diariamente, en las llamadas "congregaciones generales", para preparar el cónclave. Estos encuentros juegan un papel importante en la elección del Papa, porque en ellos se dilucidan con frecuencia las características requeridas para el nuevo pontífice. Además de resolver cuestiones concretas, como por ejemplo fijar la fecha de comienzo del cónclave, tienen lugar en ellos intervenciones sobre temas como la evangelización, la situación de la Santa Sede y de sus distintos organismos, el estado patrimonial y económico, el diálogo ecuménico y, en general, cualquier cuestión relacionada con la presencia de la Iglesia en el mundo, los problemas existentes y el perfil del Papa.

Mientras tanto, en la prensa circulaban especulaciones sobre los candidatos más probables, en especial el brasileño Odilo Pedro Scherer (Sao Paulo), el italiano Angelo Scola (Milán), el estadounidense Timothy Dolan (Nueva York), el canadiense Marc Ouellet, presidente de la Comisión Pontificia para América Latina. Además, y en menor medida, muchos otros. Sin embargo, entre todos ellos no había ningún candidato del todo evidente, al contrario de lo que ocurrió en el cónclave de 2005, en el que se eligió a Benedicto XVI. "No hay nadie que aparezca como el sucesor nato", diría el propio cardenal Walter Kasper ya en los primeros días tras la renuncia.

Muchos participaban en el debate expresando características que, a juicio de cada cual, debería reunir el nuevo pontífice:

– Un Papa más joven, que pueda responder con energía y salud a este ministerio exigente y difícil (José Policarpo, patriarca de Lisboa).

– Un hombre "capaz de afrontar los desafíos presentes en el mundo actual" (cardenal Timothy Dolan, arzobispo de Nueva York)

– Un Papa con vigor y con una salud fuerte, que sepa hacer frente a dos retos: uno pastoral, que pasa por combatir el avance del secularismo, lo que Ratzinger definió como "el eclipse de Dios"; y otro político y de gobierno como la pederastia o el Vatileaks, el escándalo de la filtración de documentos secretos de El Vaticano que llevó a la condena por robo del mayordomo del Papa, Paolo Gabriele (Eduardo Gutiérrez Sáenz de Buruaga, embajador de España en la Santa Sede).

– Un papa cercano y sencillo, pero con vigor, que le dedique tiempo a gobernar y capaz de "meter a la Curia en vereda" (José Bono).

– **Un hombre que haya despertado. Un hombre de mundo. Un hombre que sepa sonreír. Un hombre valiente, que no tenga miedo a las reformas. Un hombre del Vaticano II. Un hombre libre. Un hombre con buena salud. Un hombre universal. Un hombre humilde. Un hombre amigo de los más pobres** (Pedro Miguel Lamet).

Y muchísimos otros.

Comienza el cónclave

Por fin, el martes 12 de marzo comenzó el cónclave. Por la mañana se celebró en la Basílica de San Pedro la misa solemne "Para elegir al Romano Pontífice", en la que participaron más de cien cardenales, tanto electores como no electores, de los cinco continentes, y en la que el cardenal Angelo Sodano, decano del Colegio de Cardenales, pronunció la homilía. Entre los presentes en la basílica había muchos miembros del cuerpo diplomático de los 179 países con los que el Vaticano mantiene relaciones.

Después de la misa, los cardenales almorzaron en la Casa de Santa Marta, que les serviría de alojamiento durante todo el cónclave: un edificio con cuatro plantas y 129 habitaciones, regentado por religiosas, construido en 1966 y situado junto a la sacristía de la Basílica de San Pedro, al lado de la sala de las audiencias, que fuera de las fechas del cónclave sirve de alojamiento para cardenales y obispos que llegan a Roma. Las conversaciones que mantienen los cardenales en esta residencia pueden repercutir también de un modo fundamental en la elección.

Desde ese mediodía, las únicas personas con las que tendrían contacto los cardenales serían las que forman parte del servicio doméstico, los encargados de seguridad y los conductores de los minibuses que les llevarían y traerían desde la Casa de Santa Marta, a la Capilla Sixtina.

A las 17,30 horas, en la Capilla Paulina del Palacio Apostólico, separada sólo por una estancia de la Capilla Sixtina, hicieron el juramento ante el cardenal camarlengo, Tarcisio Bertone, los oficiales y encargados del cónclave, tanto eclesiásticos como laicos. Después, los cardenales entraron cantando la Letanía de los Santos en la Capilla Sixtina, ya dentro de la cual cantaron el "Veni Creator Spiritus", con el que invocaron la ayuda del Espíritu Santo, y pronunciaron el juramento, que compromete a mantener el secreto *de todo aquello que en cualquier modo concierne a la elección del Romano Pontífice y todo lo que ocurre en el lugar de la elección y se refiera directa o indirectamente al escrutinio".* Esa reserva, sin embargo, no se mantuvo, de tal forma que el cardenal Christoph Schönborn, arzobispo de Viena, al que algunas listas citaban también como papable, se quejaría días después: "Es un escándalo que los cardenales se reúnan en una habitación aislada, donde tomamos un juramento de no revelar nada, y al día siguiente nuestro mensaje puede ser leído palabra por palabra en los periódicos italianos". Pero en la era de las comunicaciones, ganar esta batalla del silencio parece una meta imposible.

El marco donde tenía lugar el acto, bajo los frescos de Miguel Ángel, Rafael, Bottichelli, Signorelli, Perugino... los mejores artistas del Renacimiento, y ante el monumental Juicio Final, no podía ser más extraordinario. Allí se habían celebrado los cónclaves desde el año 1878.

Terminado el juramento, el maestro de ceremonias, cardenal Prosper Grech, pronunció el tradicional "Extra omnes", momento a partir del cual quienes no participaban en la elección abandonaron la Capilla.

La comunicación de los resultados de las votaciones a los fieles se realizó una vez más mediante la tradicional estufa, donde se queman las papeletas, en este caso reforzada con un segundo aparato auxiliar que, alimentado con componentes químicos de distinta composición, según el resultado que se desee, permite un humo abundante y bien definido. De este modo, se puso fin a las dudas que existieron en las elecciones de Juan Pablo II y de Benedicto XVI, cuando al principio el humo salió gris y tardó en hacerse totalmente blanco, llevando a las dudas o al equívoco. Los productos químicos, que han suplantado a la paja que se quemaba, funcionaron perfectamente.

Las votaciones siguieron las detalladas normas previstas en la constitución dogmática "Universi dominici gregis", promulgada por Juan Pablo II el 22 de febrero de 1996, y complementadas con las dictadas por Benedicto XVI en 2007 y en el 22 de febrero de 2013, sólo once días después del anuncio de la renuncia.

Se encontraban en la Capilla Sixtina 115 cardenales de los 117 electores. De ellos, 60 eran europeos, 19 latinoamericanos, 14 norteamericanos (con Canadá), 11 africanos, y 11 de Asia y Oceanía. Los votos necesarios para resultar elegido (dos tercios) eran 77. Faltaban el arzobispo de Edimburgo, Michael P. O´Brien, que había anunciado personalmente que no asistiría, a quien Benedicto XVI le había aceptado la renuncia a su archidiócesis el 25 de febrero anterior, pocos días antes del cónclave, tras haber sido acusado por cuatro sacerdotes de actitudes de acoso ocurridas en los años 80, y el de Yakarta, Julius Riyadi Darmaatdja, debido a su delicado estado de salud. Cinco de los cardenales presentes eran españoles: Carlos Amigo Vallejo, arzobispo emérito de Sevilla; Santos Abril Castelló, arcipreste de la basílica de Santa María la Mayor en Roma; Antonio María Rouco Varela, Arzobispo de Madrid; Lluís Martínez Sistach, arzobispo de Barcelona; y Antonio Cañizares Llovera, prefecto de la Congregación del Culto Divino.

La primera fumata tuvo lugar a las 19,42, y fue negra. "No habrá Papa exprés", decía un titular de prensa. Hubiese sido casi un milagro conseguir un resultado de dos tercios nada más comenzar el cónclave.

El miércoles 13 fue el día clave de la elección. Los cardenales desayunaron entre las 6,30 y las 7,30; a las 8,15 horas celebraron la misa en la Capilla Paulina, y después, hicieron dos votaciones, sin que los resultados obtenidos fuesen suficientes.

En la Plaza de San Pedro

El día había amanecido lluvioso, pero eso no impidió que, conforme la mañana avanzaba, fuese aumentando el número de personas que llegaban a la Plaza de San Pedro y que no querían perderse el momento. Siempre podía ser que los cardenales fuesen muy rápidos en tomar la decisión y, en ese caso, había que estar allí. Junto a la gente permanecían expectantes periodistas y enviados especiales de todo el mundo... o de casi todo, porque se daba la circunstancia de que los medios informativos chinos no habían publicado ese día la noticia del comienzo del cónclave. El país más poblado de la tierra padecía un ataque de amnesia que no decía nada a su favor.

Enfrente de la basílica se había instalado una gran plataforma para los periodistas, que se encontraba "tomada" por las principales televisiones del mundo. En las instalaciones de la oficina de Prensa de la Santa Sede, en la Vía de la Conciliazione, trabajaban los corresponsales acreditados habitualmente ante la Santa Sede. En el amplio hall del Aula de Pablo VI se había habilitado un Media Center donde eran atendidos la friolera de más de 5.600 periodistas. La expectación no podía ser mayor. Además, la prensa ocupaba también la terraza del brazo de Carlo Magno, donde la columnata de Bernini se une con la fachada de la Basílica. El suelo servía de sala de redacción a algunos. Una cámara fija instalada por el Centro Televisivo Vaticano no paraba de mirar todo el rato hacia la humilde chimenea que salía de la Sixtina, bien sujeta al tejado mediante unos tensores, por donde salían las fumatas.

Algunos alimentaban la espera recogiendo testimonios de la gente. Laura Ramínez, de Europa Press, se acercaba a dos historiadores, llamados Carles y Jordina, que trabajaban en una biblioteca cercana, y que se habían "escapado" para ver si salía la fumata, y discrepaban sobre el tiempo que tardaría en salir el humo blanco. Mientras Carles creía que el cónclave sería corto, Jordina consideraba que tendrían que esperar hasta la quinta votación, por la tarde. Sería el que tendría razón. La periodista preguntó a los dos investigadores cuál podría ser el perfil del nuevo Papa. "Estábamos comentando que sería hora de un Papa extraeuropeo, que no lo hay desde la antigüedad", apuntó Carles, al tiempo que Jordina precisó que desde la caída del Imperio Romano, que era más cosmopolita, Europa "se cerró mucho". Éste pedía un Papa "rápido en reflejos, que no tarde en reaccionar ante las cosas que preocupan a todo el mundo. Acaban reaccionando, pidiendo perdón, pero más en diferido".

Y, al igual que Carles y Jordina, miles de opiniones en la plaza unidas todas ellas por la misma expectación y por la inquietud que general el estar a la espera de novedades.

Fumata blanca

A las 11,30 se elevó la primera fumata de ese día, segunda del total, resultado de los dos escrutinios que habían tenido lugar esa mañana: humo negro. Se trataba aún de algo bastante normal. Hay que recordar, por ejemplo, que en el caso de la elección del cardenal Ratzinger en 2005, y a pesar de que arrancó como claro favorito, no llegó a los dos tercios de los votos hasta el cuarto escrutinio.

A las cinco y media tampoco hubo fumata, pero a las 19,06 sí: Una intensa e inconfundible fumata blanca. Las campanas de Roma repicaron celebrando la buena nueva.

Al producirse la elección entraron en la Capilla Sixtina el Secretario del Colegio de Cardenales, Mons Lorenzo Baldisseri, y el Maestro de las Celebraciones Litúrgicas Pontificias, Mons Guido Marini. Los cardenales electores se acercaron para saludar al nuevo Papa y para expresarle su respeto y obediencia. Él tuvo entonces un primer gesto, que más tarde se mostraría característico suyo: se quedó de pie delante del altar y no sentado. También pasó a la Capilla Paulina para rezar.

Todo esto, sin embargo, fuera aún no lo sabían; sólo conocían, por la fumata blanca, que había un elegido. Alertados por ella, una riada de gente estaba llegando a la Plaza de San Pedro, que se llenó en poco tiempo. Más tarde, la gente ocuparía también una parte de la Vía de la Conciliazione, la calle que lleva hasta la Plaza de San Pedro. Junto a los romanos, que acudían a saludar a su nuevo obispo, se encontraban visitantes de muchos países llegados a Roma.

Lamentablemente, los hoteles romanos cuadruplicaron los precios esos días.

"Habemus papam"

A las 20,12 se abrieron las puertas del balcón central de la fachada de la basílica de San Pedro y salió al exterior el cardenal protodiácono, Jean Louis Touran, para hacer el tradicional anuncio: "Habemus papam".

Annuntio vobis gaudium magnum; habemus Papam: Eminentissimum ac Reverendissimum Dominum, Dominum Georgium Marium Sanctae Romanae Ecclesiae Cardinalem Bergoglio qui sibi nomen imposuit Franciscum.

Os anuncio un gran gozo, tenemos Papa: el eminentísimo y reverendísimo Señor Jorge Mario Bergoglio, cardenal de la Santa Iglesia Romana, quien se ha dado el nombre de Francisco.

La multitud acababa de escuchar por primera vez el nombre del Pontífice. Los más avisados situaron pronto al nuevo Sumo Pontífice: era el arzobispo de Buenos Aires; la Iglesia tenía un Papa argentino. Además, era religioso, jesuita. Su elección era una sorpresa, pues su nombre figuraba en muy pocas de las "listas" que habían circulado. Pronto se recordó que el cardenal Bergoglio había obtenido decenas de votos en el cónclave de 2005, y que fue entonces la principal alternativa a Benedicto XVI. La decisión que acababan de tomar los cardenales demostraba que los motivos que les llevaron a votarle en 2005 estaban aún vivos, años después.

El nombre, Francisco

El anuncio del nombre elegido por el Papa, Francisco, provocó alguna pequeña duda, en concreto la incertidumbre de si hacía referencia a san Francisco de Asís, una de las figuras más sobresalientes y atractivas de la historia de la Iglesia, seguidor radical de Jesús en el espíritu de la pobreza, o al misionero navarro Francisco Javier, integrante del primer grupo de jesuitas que, junto a san Ignacio, pusieron en marcha la Compañía de Jesús. La duda no existió dentro del cónclave, pues el Papa la resolvió en el acto. Para la opinión pública se aclaró del todo cuando el Padre Lombardi, portavoz de la Santa Sede, dijo que el nombre apuntaba "a la espiritualidad y a la pobreza evangélicas" de Francisco de Asís.

"Todos sabemos que el santo de Asís se ocupó de los pobres y de los humildes. Éste será su trabajo", diría por su parte el arzobispo de Nueva York, Tomothy Michael Dolan. La elección de este nombre, diría por su parte el cardenal Antonio María Rouco, arzobispo de Madrid, tiene que ver con el itinerario de formación del papa Francisco en la Compañía de Jesús: la figura de san Francisco de Asís tiene gran importancia en la conversión de san Ignacio de Loyola, fundador de la Compañía, que le lleva a dejarlo todo "por seguir al Señor hasta la radicalidad". Como más tarde haría san Francisco Javier. Es una elección "significativa, no se puede ignorar", añadió. "Y tiene mucho que ver con la línea de renovación de la Iglesia que se inició en el Vaticano II, que continuó a través de los grandes papas del post vaticano II, y con ese decir Sí a Cristo y al Evangelio por encima de cualquier cosa".

Se le comenzó a llamar Francisco I, y de esta forma apareció incluso en los primeros despachos de la Oficina de Prensa de la Santa Sede, además de en telegramas y mensajes recibidos en el Vaticano o publicados durante el primer día, pero Lombardi, que prestó a los informadores muchísimos servicios (junto a él, el portavoz para los hispanohablantes José María Gil Tamayo y el portavoz en inglés, Thomas Rosica) lo aclaró definitivamente al día siguiente. Su nombre como Papa es "Francisco, a secas, no Francisco I". Si se diese el caso de que en el futuro, otro Papa eligiese este mismo nombre, entonces a Bergoglio pasaría a llamársele Francisco I. Mientras tanto, no lo necesita.

Papa del fin del mundo

A las 20,22 horas, el Papa salía al balcón central de la portada de la basílica vaticana precedido de una cruz, y tenía lugar su primer contacto con el pueblo tras la elección. Hubo un momento de expectación; la gente intentó adivinar los sentimientos del Papa, hasta que él empezó a hablar en actitud llana, rompiendo el hielo:

Hermanos y hermanas, buenas tardes.

Sabéis que el deber del cónclave era dar un Obispo a Roma. Parece que mis hermanos Cardenales han ido a buscarlo casi al fin del mundo..., pero aquí estamos. Os agradezco la acogida. La comunidad diocesana de Roma tiene a su Obispo. Gracias. Y ante todo, quisiera rezar por nuestro Obispo emérito, Benedicto XVI. Oremos todos juntos por él, para que el Señor lo bendiga y la Virgen lo proteja.

Acto seguido, él y todos los presentes (con ellos, millones de personas que seguían los actos por televisión en todo el mundo) rezaron un Padre nuestro, un Ave María y un Gloria. Después, continuó diciendo:

Y ahora, comenzamos este camino: Obispo y pueblo. Este camino de la Iglesia de Roma, que es la que preside en la caridad a todas las Iglesias. Un camino de fraternidad, de amor, de confianza entre nosotros. Recemos siempre por nosotros: el uno por el otro. Recemos por todo el mundo, para que haya una gran fraternidad. Deseo que este camino de Iglesia, que hoy comenzamos y en el cual me ayudará mi Cardenal Vicario, aquí presente, sea fructífero para la evangelización de esta ciudad tan hermosa.

Y ahora quisiera dar la Bendición, pero antes, antes, os pido un favor: antes que el Obispo bendiga al pueblo, os pido que vosotros recéis para el que Señor me bendiga: la oración del pueblo, pidiendo la Bendición para su Obispo. Hagamos en silencio esta oración de vosotros por mí...

Se inclinó y guardó un momento de silencio. Después, añadió:

Ahora daré la Bendición a vosotros y a todo el mundo, a todos los hombres y mujeres de buena voluntad.

Tras impartir la bendición Urbi et Orbi (para la ciudad de Roma y para el mundo), finalizó diciendo:

Hermanos y hermanas, os dejo. Muchas gracias por vuestra acogida. Rezad por mí y hasta pronto. Nos veremos pronto. Mañana quisiera ir a rezar a la Virgen, para que proteja a toda Roma. Buenas noches y que descanséis.

Sorpresas positivas

El encuentro acabó. Quedó el buen sabor de boca.

Cuando, al día siguiente, el padre Lombardi comentó esta primera presencia pública del Papa, dijo que encontró en ella las siguientes "sorpresas muy positivas", que él mismo no esperaba:

— El hecho de presentarse como obispo de Roma.

— Haber querido tener a su lado al vicario de Roma. "Fue un aspecto nuevo respecto al pasado".

— Ese "cariño tan peculiar, que conquistó masivamente la plaza de San Pedro" y que "nos ha llenado de gran esperanza", dijo.

– Utilizar la sotana muy sencilla, sin la muceta roja y con una cruz que era la misma de obispo, de plata oxidada, un metal relativamente común en América Latina. El papa no había elegido la cruz pectoral preparada para las grandes ceremonias pontificias.

– "El hecho de pedir la oración del pueblo sobre él fue otra característica. La bendición de Dios a través de la oración del pueblo".

Además, añadió Lombardi, el Papa tuvo otros gestos, que la gente lógicamente no pudo observar porque no se produjeron en la plaza de San Pedro, y que fueron en concreto que al volver de la basílica a la residencia de Santa Marta, donde se hospedaban él y los cardenales, aunque había un coche oficial preparado para que él subiese, quiso volver con los cardenales en el autobús. Después de la cena, que se desarrolló en un ambiente festivo, dijo unas pocas palabras de agradecimiento y añadió: "¡Que Dios les perdone por lo que han hecho!". Más tarde, añadió Lombardi, llamó por teléfono al Papa emérito Benedicto XVI.

CAPÍTULO 3

PRINCIPALES DATOS
BIOGRAFICOS DEL NUEVO PAPA

Jorge Mario Bergoglio, S.I. tiene 76 años. Nació en Buenos Aires el 17 de diciembre de 1936, hijo de un matrimonio formado por Mario Bergoglio, empleado ferroviario y Regina, ama de casa, ambos emigrantes italianos procedentes del Piamonte.

"A los trece meses de nacer yo, nació mi otro hermano. Somos cinco. Y mamá no daba abasto con los dos. Y mi abuela, que vivía a la vuelta, me llevaba a la mañana con ella, y me traía a la tarde. Lo que más recuerdo es esa vida compartida entre la casa de mamá y papá y la casa de los abuelos. Y la que me enseñó a rezar más fue mi abuela", afirma el hoy Papa en la última entrevista que concedió, antes de ser elegido, a un emisora de radio parroquial de una aldea de Buenos Aires, radio La 96, Voz de Caacupé.

Estudió y se diplomó como técnico químico, para después escoger el camino del sacerdocio y entrar en el seminario de Villa Devoto.

El 11 de marzo de 1958 ingresó en el noviciado de la Compañía de Jesús. Realizó estudios humanísticos en Chile, y en 1963, de regreso a Buenos Aires, se licenció en Filosofía en la Facultad de Filosofía del Colegio "San José" de San Miguel.

De 1964 a 1965 fue profesor de Literatura y Psicología en el Colegio de la Inmaculada de Santa Fe, y en 1966 enseñó la misma materia en el colegio de El Salvador de Buenos Aires.

Al año siguiente, en 1967, y hasta 1970 lo encontramos estudiando Teología en la Facultad de Teología del Colegio «San José», en San Miguel, donde se licenció.

El 13 de diciembre de 1969 fue ordenado sacerdote.

Estancia en España

En el curso 1970–71, superó la tercera probación en Alcalá de Henares y el 22 de abril hizo la profesión perpetua. Durante esta estancia en la ciudad complutense residió en el Colegio San Ignacio de Loyola, donde el hermano Amancio, bibliotecario y responsable del archivo, conserva un único documento que lo atestigua: un catálogo con los oficios que mandan a las curias. La estancia del hoy Papa allí se prolongó desde septiembre de 1970 a abril de 1971.

Coincidieron con él los hermanos Ucendo y Agapito, que afirman al diario "La Razón" que era "una buena persona, muy sencilla", y con "fama de austero".

Un antiguo provincial de la Compañía de Jesús, José María Fernández–Martos, contactado por el mismo diario, recuerda igualmente su paso por España y otros encuentros que mantuvo con él: "Coincidimos en la Congregación de Procuradores Generales en 1987 y luego en Argentina, en 1996. Es un hombre que ya hablaba muy bien. Sigue siendo próximo y sencillo, muy inteligente y tengo el recuerdo de que siempre que podía visitaba a los más necesitados". "Estoy seguro de que cambiará muchas cosas", apuntaba.

Superior provincial de los jesuitas

Tras su estancia en España, Jorge Mario Bergoglio regresó a Argentina, donde se mostró como un sacerdote sumamente activo. Fue maestro de novicios en Villa Barilari, en San Miguel (1972–1973), profesor de la Facultad de Teología, Consultor de la Provincia y Rector del Colegio Massimo. El 31 de julio de 1973 fue elegido Provincial de Argentina, cargo que ejerció durante seis años.

Entre 1980 y 1986, fue rector del Colegio Massimo y de la Facultad de Filosofía y Teología de la misma casa y párroco de la parroquia del Patriarca San José, en la diócesis de San Miguel.

En marzo de 1986, se trasladó a Alemania para concluir su tesis doctoral, y sus superiores lo destinaron al colegio de El Salvador, y después a la Iglesia de la Compañía de Jesús, en la ciudad de Cordoba, como director espiritual y confesor.

Obispo y cardenal

El 20 de mayo de 1992, Juan Pablo II lo nombró obispo titular de Auca y auxiliar de Buenos Aires. El 27 de junio del mismo año recibió en la catedral de Buenos Aires la ordenación episcopal de manos del cardenal Antonio Quarracino, del Nuncio Apostólico Monseñor Ubaldo Calabresi y del obispo de Mercedes-Luján, monseñor Emilio Ogñénovich. Eligió como lema episcopal la frase latina "Miserando atque eligendo", tomada de una homilía de San Beda el Venerable donde se describe la postura acogedora que Jesús tuvo con el publicano Mateo.

El 3 de junio de 1997 fue nombrado arzobispo coadjtor de Buenos Aires, y el 28 de febrero de 1998, arzobispo de la misma sede, sucediendo al cardenal Quarracino.

El beato Juan Pablo II le creó Cardenal en el Consistorio del 21 de febrero de 2001 con el título de San Roberto Belarmino.

Los periodistas Francesca Ambrogetti y Sergio Rubin, en el libro biográfico titulado "El jesuita", editado en 2010, hacen el siguiente comentario, relativo a esta etapa de su nombramiento como arzobispo y a los años siguientes: "Por entonces, Bergoglio ya contaba con un gran ascendiente sobre el clero de la ciudad, sobre todo el más joven. Gustaba su afable cercanía, su simpleza, su sabio consejo. Nada de eso cambiaría con su llegada al principal sillón de la arquidiócesis primada, sede cardenalicia. Habilitaría su teléfono directo para que los sacerdotes pudieran llamarlo a cualquier hora ante un problema. Seguiría pernoctando en alguna parroquia, asistiendo a un sacerdote enfermo, de ser necesario. Continuaría viajando en colectivo [autobús] o en subterráneo [metro] y dejando de lado un auto con chofer. Rechazaría ir a vivir a la elegante residencia arzobispal de Olivos, cercana a la quinta de los presidentes, permaneciendo en su austero cuarto de la curia porteña. En fin, seguiría respondiendo personalmente los llamados, recibiendo a todo el mundo y anotando directamente él las audiencias y actividades en su rústica agenda de bolsillo. Y continuaría esquivando los eventos sociales y prefiriendo el simple traje oscuro con el clerigman a la sotana cardenalicia".

En los años 2001 y 2002, cuando se produjo la gran crisis económica de su país, jugó un papel importante como impulsor del diálogo social. Igualmente, recorría los hospitales de la ciudad visitando a los heridos en las distintas ocasiones en que se produjeron catástrofes.

Por dos periodos consecutivos, de noviembre de 2005 a noviembre de 2011, fue presidente de la Conferencia Episcopal Argentina.

En 2006 impartió en Madrid los ejercicios espirituales a los obispos españoles y en julio de ese mismo año estuvo de nuevo en España participando en el Encuentro Mundial de las Familias, celebrado en Valencia.

Era el Ordinario para los fieles de rito oriental residentes en Argentina y Gran Canciller de la Universidad Católica de Argentina. También era miembro de las Congregaciones romanas para el Culto Divino, para el Clero, y para los Institutos de Vida Consagrada, del Pontificio Consejo para la familia y de la Pontificia Comisión para América latina.

Habla italiano, inglés, francés, alemán y español.

Ha escrito varios libros, algunos con sugestivos títulos, los más recientes de los cuales son "El verdadero poder es el servicio" (2007), expresión que utilizó en sus primeros días de papado, y "Mente abierta, corazón creyente" (2012). Además, ha publicado también "Meditaciones para religiosos" (1982), "Reflexiones sobre la vida apostólica" (1986),

"Reflexiones de esperanza" (1992), "Diálogos entre Juan Pablo II y Fidel Castro" (1998), "Educar: exigencia y pasión" (2003), "Ponerse la patria al hombro" (2004), "La nación por construir" (2005), "Corrupción y pecado" (2006) y "Sobre la acusación de sí mismo" (2006).

"Los tiempos nos urgen"

El día 25 de febrero, antes de viajar a Roma para el consistorio, escribió su última carta pastoral como arzobispo de Buenos Aires, en la cual decía:

"Salir, compartir y anunciar, sin lugar a dudas, exigen una ascesis de renuncia que es parte de la conversión pastoral. El miedo o el cansancio nos pueden jugar una mala pasada llevándonos a que nos quedemos con lo ya conocido que no ofrece dificultades, nos da una escenografía parcial de la realidad y nos deja tranquilos. Otras veces podemos caer en el encierro perfeccionista que nos aísla de los otros con excusas tales como: "Tengo mucho trabajo", "no tengo gente", "si hacemos esto o aquello ¿quién hace las cosas de la parroquia?", etc.".

"Igual que en el año 2000 quisiera decirles: Los tiempos nos urgen. No tenemos derecho a quedarnos acariciándonos el alma. A quedarnos encerrados en nuestra cosita... chiquitita. No tenemos derecho a estar tranquilos y a querernos a

nosotros mismos... Tenemos que salir a hablarle a esta gente de la ciudad a quien vimos en los balcones. Tenemos que salir de nuestra cáscara y decirles que Jesús vive, y que Jesús vive para él, para ella, y decírselo con alegría... aunque uno a veces parezca un poco loco."

CAPÍTULO 4

REACCIONES ANTE LA ELECCIÓN

Al conocerse el nombramiento del nuevo Pontífice, el vicario general del Papa en la Ciudad Eterna, cardenal Agostino Vallini, dirigió a los fieles de Roma el siguiente mensaje, que contiene un tono profético y claves del nuevo Papa:

"La Iglesia de Roma se complace por haber recibido a su obispo, que la guiará por los caminos del Evangelio en los años venideros".

"El Espíritu Santo se ha manifestado de manera sorprendente. El nuevo Papa es un testimonio alegre de nuestro Señor Jesús, comunicador incansable, decidido y tranquilo del Evangelio para infundir confianza y esperanza. Él continuará y guiará a la Iglesia, purificándola de las manchas que a veces oscurecen el esplendor de su rostro: hará sentir su proximidad para que la

*Iglesia sea la casa de todos y nadie sienta la inco-
modidad de no estar bien; los pobres y los últimos
se sentirán comprendidos y amados".*

*"El nombre del pobrecillo de Asís es de profundo
mensaje y anuncia el estilo y el sello del nuevo pontificado. Roma, que siempre ha querido al Papa,
será la primera en seguir a su obispo y responder
a las misiones de hacer resplandecer la fe y la caridad, de manera ejemplar y con alegre vitalidad".*

Durante el acto de obediencia de los cardenales
al final del cónclave –añade– le prometió la fidelidad y el afecto de la Iglesia de Roma:

*"Le he prometido fidelidad y afecto también
en nombre de todos vosotros: obispos auxiliares,
sacerdotes, diáconos, consagrados y laicos. Le he
asegurado que la Iglesia de Roma estará cerca,
no le hará echar de menos el calor filial, acogerá
con fe y docilidad su guía y lo sostendrá mientras
lleva el formidable peso que el Señor le ha puesto
sobre los hombros".*

Por su parte, el superior general de la Compañía
de Jesús, padre Adolfo Nicolás, hizo pública una declaración en la que evoca "su espíritu evangélico de
cercanía a los pobres, su identificación con el pueblo sencillo y su compromiso con la renovación de la
Iglesia", reflejadas en el nombre elegido.

*"En nombre de la Compañía de Jesús doy gra-
cias a Dios por la elección del nuevo Papa, Carde-*

nal Jorge Mario Bergoglio S.J., que abre para la Iglesia una etapa llena de esperanza".

"Todos los jesuitas acompañamos con la oración a este hermano nuestro y le agradecemos su generosidad para aceptar la responsabilidad de guiar la Iglesia en un momento crucial. El nombre de "Francisco" con que desde ahora le conocemos, nos evoca su espíritu evangélico de cercanía a los pobres, su identificación con el pueblo sencillo y su compromiso con la renovación de la Iglesia. Desde el primer momento en que se ha presentado ante pueblo de Dios ha dado testimonio de modo visible de su sencillez, su humildad, su experiencia pastoral y su profundidad espiritual".

"Es rasgo distintivo de nuestra Compañía ser un grupo de compañeros (...) unido con el Romano Pontífice con un vínculo especial de amor y servicio" (NC 2, n. 2). Por ello, compartimos la alegría de toda la Iglesia al tiempo que deseamos renovar nuestra disponibilidad para ser enviados a la viña del Señor, conforme al espíritu de nuestro voto especial de obediencia, que tan particularmente nos une con el Santo Padre (CG 35, D.1, 17)".

El obispo de Asís, Mons. Domenico Sorrentino, y la comunidad franciscana de esa ciudad mostraban su felicidad:

"Sabemos que Jesús está al timón de su Iglesia, y te seguiremos con afecto en la obediencia. Tendrás mucho por hacer. Tal vez por sufrir. Ex-

presamos desde ahora la confianza en que, como tantos predecesores tuyos hasta el amado Benedicto XVI, también tú vengas pronto a este Ciudad en donde Francisco sigue proclamando al mundo el Evangelio que salva".

Espiritualidad ignaciana

El cardenal Antonio María Rouco daba una rueda de prensa en Roma en la que afirmaba que la elección se había acogido "con muchísima alegría por parte de todos" y subrayaba la espiritualidad ignaciana del nuevo Papa. "El libro de los ejercicios no se debe olvidar para entender al papa Francisco. Seguramente es la guía de fondo y el hilo espiritual, intelectual, humano, cultural y, por supuesto, pastoral de fondo de su pensamiento y de su vida, y lo va a hacer notar en la Iglesia".

El nuevo Papa "es, dijo, de una gran autenticidad personal". Con su guía, el Año de la fe "recibirá un impulso espiritual hondo".

En Madrid, el secretario general y portavoz de la Conferencia Episcopal española, Juan Antonio Martínez Camino, convocaba a los periodistas para comunicarles en nombre de todo el episcopado de país la "alegría inmensa" de "tener de nuevo Papa ya, tan pronto, y un Papa tan excelente". "Es un Papa, añadió, muy cercano a nuestra Conferencia Episcopal, muy cercano a nuestra patria, España. Es muy cercano a todos los obispos españoles; casi todos le conocen personalmente. En enero de 2006 le invitamos para que nos diera los ejercicios espirituales.

Concretamente del 15 al 22 de enero estuvo aquí, en Madrid, para darnos los ejercicios espirituales, que habitualmente tienen los obispos. Acudieron más que nunca, casi todos los obispos". La síntesis del mensaje que Bergoglio dirigó a los obispos españoles en aquellos ejercicios, dijo Martínez Camino, fue: "Sólo en Dios está la esperanza".

Añadió que este Pontífice tiene "el perfil de un santo".

Todos los obispos en sus diócesis y el superior provincial de los jesuitas de España publicaron mensajes. Entre los políticos, el Presidente del Gobierno español, Mariano Rajoy, le hacía llegar al Papa un saludo: "En esta privilegiada e histórica ocasión en la que la Iglesia se hace más universal que nunca, os manifiesto la disposición de mi Gobierno para mantener y, si cabe, reforzar, las especiales relaciones entre la Santa Sede y España". Poco después, desde Bruselas, expresó a los periodistas su satisfacción por la elección: "Es una gran alegría para España, es un nuevo Papa iberoamericano, que cursó parte de sus estudios en España y conoce nuestro país. Podemos estar muy satisfechos. Yo iré el martes [a la misa de inauguración] acompañando a los Príncipes de Asturias a Roma. Es un motivo de satisfacción para todos".

Y algo similar a lo ocurrido en España pasó en medio mundo. El presidente de Estados Unidos, Barack Obama, le decía al Papa en su mensaje: "Así como he valorado nuestra labor con el Papa Benedicto XVI, espero trabajar con su Santidad para avanzar la paz, seguridad y dignidad para nuestro prójimo, sin importar su fe".

Medios de comunicación

Los medios de comunicación, al dar la noticia, no se limitaron a mirar hacia Roma, sino también hacia la recepción de la noticia en Argentina. A la vez, se lanzaron a la caza de colaboradores capaces de "catalogarlo" y de hacer "retratos" que explicasen cómo era el 266 sucesor de San Pedro.

En el diario "El Mundo", por ejemplo, podía leerse: "En los barrios humildes que rodean la capital el entusiasmo de la gente no tenía límites. En los años de su ministerio, Bergoglio se ha referido muchas veces a la injusta distribución de los ingresos y la indiferencia de las autoridades laicas ante el crecimiento de las villas miseria y la proliferación de las drogas entre los jóvenes, especialmente en el cinturón de extrema pobreza que rodea a la capital. En muchas ocasiones, el flamante Papa fue acusado de intervenir en política e incluso de desestabilizar al país con sus ardientes homilías. De ahí que los pobladores de los suburbios se refieran a él como «el obispo de los pobres»".

"Era inevitable, añadía, que el sorprendente anunció produjera atascos de tráfico en las grandes ciudades. En Buenos Aires, Córdoba y Mendoza muchos aparcaban sus vehículos en la mitad de la calle para abrazarse con la persona que estuviera más cerca".

"Se acuesta y se levanta muy temprano", decía por su parte el ABC tratando de acercar la figura del Papa. "Siempre ha preferido, en la medida de lo posible, vestir la sotana negra de sacerdote en lugar de mostrar la púrpura de cardenal. Su sede de Buenos Aires ha pasado momentos políticos y económicos difíciles, en los que Bergoglio mantuvo las distancias con los sucesivos políticos al tiempo que predicaba el mensaje de justicia social de Juan Pablo II. "La deuda social es inmoral, injusta e ilegítima", dijo en un discurso sobre la pobreza. "Los más pobres, para los suficientes, no cuentan".

"Una vez alguien dijo que los cardenales se dividen entre conservadores y menos conservadores. Dentro de esos márgenes tan gruesos, el **argentino Jorge Mario Bergoglio, nuevo Papa de la Iglesia Católica**, *se encuadraría en el segundo grupo", decía en uno de sus despachos a los medios la agencia Colpisa. "Será el* **primer Pontífice de nombre Francisco,** *el* **primer Papa jesuita y también sudamericano.** *Si hubiera que traducir por los elementos anteriores el mensaje que el Vaticano quiere transmitir al mundo sería de auténtica renovación".*

"Que es un hombre tímido y de pocas palabras –añadía– ya lo pone de manifiesto su primera intervención como Pontífice ante los fieles congregados en la Plaza de San Pedro. Quienes le conocen bien ponen en valor su vida sencilla alejada de toda ostentación. Una imagen en contraposición a las ambiciones y guerras vaticanas tan criticadas. Incluso dicen que le disgustaba viajar a Roma para las reuniones burocráticas de rigor. Su origen humilde como hijo de un trabajador ferroviario piamontés y una ama de casa, y su modestia –demostrada en el cónclave de 2005– podría interpretarse como otro mensaje de la Santa Sede en tiempos de turbulencias económicas. De hecho, era habitual ver a Bergoglio acudir a la Catedral de Buenos Aires andando o en metro, donde sus feligreses le escuchaban denunciar la corrupción y la pobreza".

Muchos de los "retratos" más detallados llegaron de su tierra, Argentina. Así por ejemplo, la corresponsal del diario "ABC" en Buenos Aires, Carmen de Carlos, escribía: "Se presenta como un hombre corriente, humilde. Con un "Hola, soy Bergoglio", se daba a conocer a los sacerdotes que llamaba por teléfono. Los que han trabajado con él, sólo tienen buenas palabras cuando le mencionan. Son las mismas que pronunciaban antes del Cónclave del que salió convertido en Francisco I. En la Catedral Metropolitana, en más de una ocasión, lavó los pies a los fieles. En los suyos –doy fe– solía calzar unos desgastados y cuarteados de caminar. Se crió en el barrio porteño de Flores, una zona de escasos recursos. Su padre, maquinista, sacó adelante a los cinco hijos con la ayuda de su esposa que permanecía al frente de la casa. De trato afable y cordial, no son pocos los políticos argentinos que acudían a ver a Bergoglio para consultarle, intercambiar impresiones y escuchar sus sabios consejos".

El cardenal, decía, "heredó las ropas del anterior para no hacer gastos innecesarios".

La hermana del Papa: "No lo podía creer"

La elección causó en Argentina tanta sorpresa como en Roma; tampoco allí lo esperaban, y el diario "La Nación", de Buenos Aires, afirmaba que los más sorprendidos fueron los propios familiares del Papa. Cuenta este diario que María Elena, hermana del nuevo Papa, saludó la noticia como "una bendición de Dios" y confesó que antes que se anunciara la elección estaba convencida de que su hermano no iba a ser. "Vi el anuncio con una tranquilidad absoluta, estaba convencida de que no iba a ser mi hermano y, cuando lo anunciaron, fue muy fuerte, no se puede explicar en palabras. Es algo que me desbordó". Estaba en ese momento con su hijo, añade, y apenas escuchó "Jorge Mario" se puso a llorar: "No llegué a escuchar el apellido, la elección de Francisco, nada".

Cuando le vio por televisión salir al balcón, le pareció que el Papa estaba viviendo ese momento "con mucha felicidad" y vio "al Jorge de siempre". "Estaba distendido y muy emocionado".

Dijo también que habló con su hermano antes de su viaje a Roma para participar en el cónclave, pero no charlaron sobre la posibilidad de que fuese elegido. Refiriéndose a la elección anterior, la del cónclave de 2005 en el que resultó elegido Joseph Ratzinger, dijo: "Él no quería ser papa. Nunca profundizamos en el tema. Él ama a Buenos Aires". Por último, señaló que todavía no había podido comunicarse con su hermano para felicitarlo y adelantó: "Lo voy a hacer cuando pueda desocupar el teléfono".

Según dijo estaba preparándolo todo para ir a Roma y estar allí en la misa de inauguración del pontificado. Dijo también: "Sé cuál es su inclinación: los pobres, los más débiles, los más castigados, los ancianos y los niños, pero no sé cuál será el primer punto que abordará". "Él fue siempre un hermano muy compañero y muy presente, más allá de las distancias físicas. Lo poco que vi ayer en su cara era una expresión de plenitud. Ojalá que tenga fuerzas, me genera un gran orgullo, que tenemos todos como pueblo argentino".

"Francisco, el Papa que llegó desde el fin del mundo", era el título principal de ese diario, "La Nación". En el interior, se informaba entre otras cosas de una llamada hecha al Papa por el vicario general de Buenos Aires, monseñor Joaquín Sucunza, en la que el Papa le había dicho que recomendase a los argentinos, en lugar de viajar a Roma, que entregasen ese dinero a los pobres.

El citado periódico solicitó a los lectores el envío de anécdotas del Pontífice. Imelda Grennon escribió: "Estaba esperando que se ponga el semáforo en verde para cruzar la calle y me doy cuenta de que el Cardenal Bergoglio estaba al lado mío. Lo primero que se me ocurrió es decirle: "Monseñor ¿usted aquí?". "Y sí, voy a la farmacia de enfrente a comprar un remedio para uno de mis curitas que está enfermo". ¡¡Eso es HUMILDAD!! Me emocioné muchísimo al oír su nombre elegido PAPA. DIOS LO BENDIGA".

El testimonio de Liliana Bussi fue: "Tuve el honor de conocerlo. En el año 96 le dio la primera comunión a mi hijo menor. Su voz suave y su humildad, nos quedó grabada en el recuerdo. Lo que me duele es que este pueblo argentino, no sepa disfrutar de la simpleza de que el Papa sea argentino, y que saquen tanto odio. Orgullo señores... ¡el Papa es Argentino!".

La anécdota enviada por Flavia Castro decía: "Vino a Lomas en tren cuando era Arzobispo para la confirmación de mi sobrino en el 87. Mi hijo y todos sus compañeros de grado tomaron la comunión en la Capilla Santa Ana de Glew con él y se quedó a sacarse fotos con las familias. Un cura muy macanudo. DIOS ilumine sus pasos!".

Y así, otras.

Mezcla equilibrada de pastor y político

El periodista Joaquín Morales Solá afirmaba en ese mismo diario que Bergoglio "es una mezcla equilibrada de pastor y de político, que "incitó a sus curas de Buenos Aires a meterse en las villas miseria, a trabajar con los pobres", que "nunca calla ante lo que considera una injusticia, nunca teme decir su verdad ante claros errores morales o políticos". Es "austero hasta el extremo". "No estuvo de acuerdo con la palabra *matrimonio* para las parejas homosexuales, pero no hubiera objetado –decía– el nombre de *unión civil*". "Tiene una actitud de comprensión también hacia los divorciados, excluidos ahora de la comunión. "La Iglesia no debe rechazar a nadie; su misión es la de ayudar comprendiendo al hombre y sus problemas", ha dicho". "En la compañía de Jesús aprendió una lección que lo marcó a fuego: la misión de los sacerdotes es la evangelización. Nunca se olvidó de que siendo cura, obispo o cardenal esa era su primera responsabilidad".

En ese mismo artículo, titulado "Viajó a Roma convencido de que no sería elegido", el periodista afirma también: "Si hay algo que no ignora este jesuita con una cabeza intelectualmente bien formada son las razones profundas de la renuncia del anterior Papa. ¿Cómo podría reconocer él que "Dios parecía dormir", según la definición de Benedicto, en los últimos años? Seguramente, Francisco no necesita leer el voluminoso informe, de 300 páginas, que tres cardenales octogenarios le elevaron a Benedicto sobre las peores prácticas que ocurren en la curia vaticana. Las conoce. Ese informe habría inducido al papa alemán a la renuncia. Viejo y, sobre todo, enfermo, Benedicto concluyó que no contaba con las fuerzas necesarias para hacer lo que debía hacer. Es decir, cambiar todo. Dejó esa obra necesaria y perentoria en manos de su sucesor. El papa Bergoglio tiene 76 años, pero parece más joven. Tiene una inmensa vocación del deber y una envidiable capacidad de trabajo. Nunca lo desalentó ningún desafío y está dispuesto a devolverle a la Iglesia la normalidad, a sacarla de los rumores palaciegos y a colocarla de nuevo en el corazón de su pueblo. Viajó con esas ideas, que ahora podrá poner en práctica".

Dice también: "Ya el entonces cardenal Bergoglio coincidía con el papa Ratzinger en que la corrupción debía ser desterrada de los palacios vaticanos. Y suscribía la política de que el IOR, el Banco Vaticano, debía ser sometido a una intensa y rápida operación de transparencia".

Clarín: "Abre una etapa nueva en la Iglesia"

Otro de los grandes diarios argentinos, "Clarín", informaba de la noticia con el titular: "Sorpresiva elección de un Papa argentino, que abre una etapa nueva en la Iglesia". Títulos y sumarios destacados eran también: "El Papa argentino sorprende al mundo con su sencillez"; "Según el vocero vaticano, es de esperar que viaje a Argentina"; "Un Papa con vocación reformista que quiere salir al encuentro de la gente"; "Begoglio prefiere las opciones más abiertas en temas sensibles como el matrimonio gay o los divorciados".

Una información titulada "El día que Bergoglio llamó hipócritas a los curas" relataba un hecho tomado del libro "El Jesuita", y que era en concreto el siguiente: cuando el hoy Papa era docente en un colegio religioso, una de las alumnas del colegio quedó embarazada, y él hizo todo para que la chica no fuera expulsada. "Esa es una de las muestras de apertura del actual Papa. No fue la única vez que defendió a una madre soltera. En septiembre de 2012, durante la misa de clausura del Encuentro de Pastoral Urbana, el entonces arzobispo de Buenos Aires, llamó "hipócritas" a los curas que se negaban a bautizar a chicos que habían nacido fuera del matrimonio o cuyos padres no los habían reconocido". Les dijo que "apartan al pueblo de Dios de la salvación", y dio a entender que esos curas no valoraban la posibilidad de que la mujer hubiese asumido su embarazo y evitado el aborto.

Del mismo libro, el periódico tomaba otra información en la cual se decía que el Pontífice es admirador del tango, y añade que esto es algo "casi obligado para un hijo de inmigrantes del barrio de Flores". Para demostrarlo, citaba la primera estrofa de un tango compuesto en 1945 por Carlos Di Sarli y Héctor Marcó: "Porteño y bailarín, me hiciste tango como soy: romántico y dulzón..." "Su gusto por esa música tan nuestra, y desde hace unos años Patrimonio Cultural de la Humanidad, **siempre fue una constante en su vida desde los tiempos juveniles de Jorge Bergoglio", decía.**

El diario recogía igualmente el testimonio de José María Di Paola, conocido como el "cura villero", quien compartió trabajos con Jorge Bergoglio durante mucho tiempo, mientras trabajan juntos en barrios pobres de la Ciudad de Buenos Aires: "Ver que la persona con quien trabajabas, compartías mate y anécdotas cotidianamente sale al balcón, vestido de blanco, para saludar al mundo como el nuevo Papa... ¡La pucha!, es una sensación diferente", dijo José María Di Paola, más conocido como el padre Pepe, pocas horas después de que se conoció la noticia de que Jorge Bergoglio había sido elegido"...

Di Paola piensa que las aportaciones que hará en nuevo Papa a la Iglesia serán la austeridad y "una conducción dirigida a los más pobres".

Una novia de 12 años

Varios diarios informaban de que el hoy Papa tuvo una novia, de nombre Amelia, cuando ambos tenían 12 años y vivían en el ya citado barrio porteño de Flores. La novia, de nombre Amelia, contó sus recuerdos de aquellos años en radio Mitre, de Buenos Aires. "Si no me caso con vos, me hago cura", dice Amelia que le dijo Jorge Mario. Y añade: "Jugábamos al agua, a la rayuela, bailábamos, es algo muy lindo de recordar". "Después jugaba al fútbol con los muchachos" (el Papa es también un amante del fútbol). "No tengo nada que ocultar, si fue una cosa tan de niños y tan limpio", dijo.

En días sucesivos, "Clarín" incluía informaciones en las cuales su corresponsal en Roma Julio Alcarez contaba supuestos entresijos del cónclave. Citando "Radio murmuraciones", decía que el "tsunami Bergoglio" estuvo en el centro de la escena desde la primera votación, y que en la última recibió más de 90 votos, un resultado muy bueno, dice, mejor que los 84 votos que logró su predecesor Joseph Ratzinger en abril de 2005. Añade: "Sus palabras sobre la misericordia, la espiritualidad y la necesidad de purificación de la Iglesia en las reuniones preparatorias lo catapultaron".

Lamentablemente, los Servicios informativos de la Santa Sede no confirman nada sobre los resultados de las votaciones ni sobre otros detalles del cónclave.

"Su papado estará lleno de gestos"

El diario "Página 12", de Buenos Aires, incluía un artículo de Washington Uranga, titulado "Claves para el nuevo Papado" en el cual el periodista señalaba que habrá que esperar a los primeros nombramientos del papa Francisco para comenzar a leer entre líneas "los lineamientos de su pontificado". Este periodista cree que el Secretario de Estado será italiano, porque un Papa que viene "del fin del mundo" necesitará de un segundo que "conozca el terreno local".

Se pregunta también "cuánta será la libertad que Bergoglio tendrá como papa para realizar las reformas que se proponga. ¿Manda el papa o mandan la curia y su estructura? La experiencia de Ratzinger en ese sentido no ha sido buena", señala. "Bergoglio es un hombre de carácter firme, tenaz dicen algunos, y que no da fácilmente el brazo a torcer. Normalmente alcanza lo que se propone", dice. "No le temblará el pulso si tiene que tomar determinaciones fuertes", pero esto, en su opinión, no ocurrirá con gestos grandilocuentes, ni con "modificaciones bruscas o saltos al vacío. De ninguna manera. No es su estilo".

Igualmente, escribe el mismo periodista: "El papado de Francisco estará lleno de gestos. Los mismos que tenía en Argentina. Para reafirmar el sentido de la austeridad y acrecentar su imagen de hombre sencillo y desprovisto de casi todo. No es un carismático de relación con las masas al estilo de Juan Pablo II. Pero esta gestualidad de lo sencillo y lo cotidiano es la manifestación de su propio carisma".

"No le gusta el conflicto, pero tampoco callarse"

La agencia Efe reproducía unas manifestaciones del exdiputado José Octavio Bordón, que fue ministro de Cultura y embajador de Argentina en Estados Unidos, amigo desde hace 30 años del ahora Papa, quien afirmaba que Bergoglio "es el papa que se necesita, es un hombre piadoso, es un pastor, se va a poner las sandalias de pescador". "Es un hombre al que no le gusta el conflicto, pero tampoco le gusta callarse". Su sólida formación académica "le permite dialogar con los empresarios, los políticos y con los sindicalistas".

Para Bordón, la elección del nombre de Francisco no es gratuita sino que responde a su carácter como un hombre "piadoso, humilde" y dispuesto a "provocar cambios muy fuertes de dentro hacia afuera". Con sus amigos, "nunca habló de la posibilidad de ser papa". Más de una vez sus conocidos sacaron el tema "y él sonreía. Nosotros éramos los imprudentes, él nunca".

Según el sacerdote Alejandro Puiggariu, que trabajó durante 20 años con Bergoglio, el papado del papa Francisco va a marcar un cambio en el Vaticano. "Va a ser un papa atípico. Ya lo fue al frente de la Iglesia argentina". "Cuando nos ordenaba sacerdotes nos decía, no se la crean, no dejen de ser parte del pueblo de Dios. Siempre predicó contra las carreras, contra la promoción".

Una vieja campaña contra él

No faltó entre las informaciones de esos días la acusación de que Bergoglio no habría defendido a dos sacerdotes secuestrados por el régimen militar argentino, extremo desmentido por el premio Nobel de la Paz, Pérez Esquivel. El padre Lombardi contestó a estas informaciones, literalmente, lo siguiente:

> *"La campaña contra Jorge Mario Bergoglio es bien conocida y se remonta ya a diversos años. La lleva a cabo una publicación que lanza, a veces, noticias calumniosas y difamatorias. El cariz anticlerical de esta campaña y de otras acusaciones en contra de Bergoglio es notorio y evidente. La acusación se refiere a la época en que Bergoglio no era todavía obispo, sino Superior de los Jesuitas en Argentina, y a dos sacerdotes que fueron secuestrados y que él no habría protegido. No ha habido nunca una acusación ni concreta, ni creíble, contra su persona. La Justicia argentina lo interrogó una vez en calidad de persona informada de los hechos, pero no le imputó nunca de nada".*

Uno de los dos sacerdotes, el único que vive en la actualidad, asegura que él y el Pontífice se han reconciliado. "Celebramos una misa juntos en público y nos dimos un abrazo solemne. Estoy reconciliado con los eventos y considero el asunto cerrado".

Por lo demás, los medios de comunicación fijaron también su mirada esos días en la salud del Papa. Lombardi, portavoz del Vaticano (es jesuita también, igual que Bergoglio) informó que hace unos 40 años, el ahora Papa tuvo una enfermedad pulmonar, en el transcurso de la cual le extirparon parte de un pulmón. Pero este hecho, añadió, "no ha sido nunca un obstáculo ni para su ritmo de trabajo, ni para su vida y su actividad pastoral, como ha demostrado al frente de una diócesis que requiere tanto empeño como la de Buenos Aires".

El diario "La Razón" escribía: "Sano y fuerte. Con 76 años, aunque supera esperanza de vida de los argentinos, su Santidad desprende fortaleza. Así ven los expertos consultados por LA RAZÓN a Francisco, que señalan que a pesar de que se haya temido en principio por su longevidad al carecer de parte de un pulmón, no hay peligro ni razones para pensar que esta condición vaya a pesar en su pontificado".

CAPÍTULO 5

PRIMEROS DÍAS DEL PONTIFICADO

En los seis días transcurridos desde la elección (13 de marzo), hasta la celebración de la misa de inauguración del pontificado (19 del mismo mes), las actividades del Papa y la escucha de sus palabras tomaron el relevo en las noticias. Ahora los hechos ocurrían delante de los observadores, y pocas cosas hay en el mundo que sean seguidas con más atención que las palabras y los gestos de un Papa. Y el nuevo Pontífice continuó sorprendiendo, y mucho, con su carisma.

En Santa María la Mayor

Tal como había anunciado la víspera en el balcón de la basílica de San Pedro, el primer día tras su elección el papa Francisco fue a "rezar a la Virgen, para que proteja a toda Roma". El lugar elegido fue la Basílica de Santa María La Mayor, un gran tempo muy querido por los romanos y ligado a España. Sin embargo, no se limitó a rezar ante la Virgen, sino que fue a la residencia donde se había hospedado, recogió las maletas y pagó a la factura.

En efecto, el Papa había salido del Vaticano poco después de las ocho de la mañana en un sencillo coche de la gendarmería vaticana. Llegó a la basílica de Santa María La Mayor cuando el templo aún no había abierto sus puertas a los fieles, y accedió a él por una de las puertas laterales, se acercó a la Virgen, cuya imagen es venerada como Nuestra Señora "Salus Populi Romani" (Protectora del Pueblo Romano), dejó ante ella un ramo de flores y rezó durante unos diez minutos. Le acompañó siempre dentro de este templo el cardenal español Santos Abril y Castelló, que es arcipreste titular de la Basílica. Terminada su oración ante la Virgen, el Papa se acercó a la Capilla Sixtina, llamada así por haber sido construida para albergar la tumba del Papa Sixto V. Se trata de un lugar significativo para un jesuita, porque en esa capilla celebró san Ignacio de Loyola su primera misa en Roma. Igualmente, rezó ante la tumba de San Pío V y, tras saludar al cabildo y a los trabajadores de la casa, con quienes intercambió palabras y gestos de cercanía, entre ellos la bendición a una embarazada, se marchó con una pequeña escolta y en compañía del prefecto de la Casa Pontificia, Georg Gaenswein.

De camino, dirigió un cariñoso saludo a unos escolares. Igualmente, solicitó al conductor que aparcase ante la residencia donde había estado hospedado antes de ser elegido Papa (concretamente, la Casa Internacional del Clero, ubicada en la vía de la Scrofa cerca de la Piazza Navona) y donde aún tenía las maletas. Recogidas sus pertenencias, pidió la factura y la pagó.

Algunos recordaban a Juan XXIII

¿Cómo repercute en la seguridad esta forma de actuar del Papa? En respuesta a esta pregunta, el portavoz del Vaticano, padre Lombardi, dijo que "los encargados de la seguridad del Pontífice están a su servicio y adaptan las medidas para protegerlo al estilo de cada Papa. Por ejemplo, dijo, Juan Pablo II era un pontífice que rompía las previsiones e iba a saludar a las personas sin avisar antes, y siempre los encargados de su seguridad adecuaban los métodos para protegerlo a estas características".

Pero aquella mañana se produjo aún otro hecho significativo también: el papa Francisco se cruzó en la basílica de Santa María la Mayor con el cardenal Bernard Law, acusado de haber encubierto a curas pederastas durante 18 años en el tiempo en que fue arzobispo de Boston. "No quiero que frecuente esta basílica", comentó a quienes lo acompañaban. El portavoz, Federico Lombardi, explicaría que el cardenal "estaba presente en Santa María la Mayor como arcipreste emérito y vio al Papa, después lo saludó y continuó su camino".

Caminar, edificar, confesar

Pero Francisco no es un Para solamente de gestos, sino también de palabras. No cualquier palabra, sino palabras llanas, directas y que todos entienden. Sus discursos y homilías tienden a ser breves, y están vivos.

Una muestra de estas características que tienen sus palabras la encontramos en la tarde de ese primer día como Pontífice, cuando presidió una misa en la Capilla Sixtina del Vaticano con los cardenales que lo eligieron la víspera. En la homilía, comentando las lecturas, invitó a caminar siempre ante la presencia del Señor, a edificar la Iglesia y confesar a Jesucristo. "Nosotros podemos caminar cuanto queramos, podemos edificar tantas cosas, pero si no confesamos a Jesucristo, la cosa no funciona. Nos convertiríamos en una ONG piadosa, pero no en la Iglesia, esposa del Señor. Cuando no se camina, nos detenemos".

He aquí el texto completo de esa primera y breve homilía:

En estas tres Lecturas veo algo en común: el movimiento. En la Primera Lectura el movimiento es el camino; en la segunda Lectura, el movimiento está en la edificación de la Iglesia; en la tercera, en el Evangelio, el movimiento está en la confesión. Caminar, edificar, confesar.

Caminar. Casa de Jacob: "Vengan, caminemos en la luz del Señor". Esta es la primera cosa que Dios dijo a Abraham: "Camina en mi presencia y sé irreprensible". Caminar: nuestra vida es un camino. Cuando nos detenemos, la cosa no funciona. Caminar siempre, en presencia al Señor, a la luz del Señor, tratando de vivir con aquel carácter irreprensible que Dios pide a Abraham, en su promesa.

Edificar. Edificar la Iglesia, se habla de piedras: las piedras tienen consistencia; las piedras vivas, piedras ungidas por el Espíritu Santo. Edificar la Iglesia, la esposa de Cristo, sobre aquella piedra angular que es el mismo Señor, y con otro movimiento de nuestra vida, edificar.

Tercero, confesar. Podemos caminar todo lo que queramos, podemos edificar tantas cosas, pero si no confesamos a Jesucristo, la cosa no funciona. Nos convertiríamos en una ONG (Organización No Gubernamental) de piedad, pero no en la Iglesia, esposa del Señor. Cuando no caminamos, nos detenemos. Cuando no se construye sobre la piedra ¿qué cosa sucede? Pasa aquello que sucede a los niños en la playa cuando construyen castillos de arena, todo se desmorona, no tiene consistencia. *Cuando no se confiesa a Jesucristo, me viene la frase de León Bloy "Quien no reza al Señor, reza al diablo". Cuando no se confiesa a Jesucristo, se confiesa la mundanidad del diablo, la mundanidad del demonio.*

Caminar, edificar-construir, confesar. Pero la cosa no es así de fácil, porque en el caminar, en el construir, en el confesar a veces hay sacudidas, hay movimiento que no es justamente del camino: es movimiento que nos echa para atrás.

Este Evangelio continúa con una situación especial. El mismo Pedro que ha confesado a Jesucristo, le dice: "Tú eres Cristo, el Hijo del Dios vivo. Yo te sigo, pero no hablemos de Cruz. Esto no cuenta". "Te sigo con otras posibilidades, pero sin la Cruz". Cuando caminamos sin la Cruz, cuando edificamos sin la Cruz y cuando confesamos un Cristo sin Cruz, no somos Discípulos del Señor: somos mundanos, somos obispos, sacerdotes, cardenales, papas, pero no discípulos del Señor.

Quisiera que todos, luego de estos días de gracia, tengamos el coraje –precisamente el coraje– de caminar en presencia del Señor, con la Cruz del Señor; de edificar la Iglesia sobre la sangre del Señor, que ha sido derramada sobre la Cruz; y de confesar la única gloria, Cristo Crucificado. Y así la Iglesia irá adelante.

Deseo que el Espíritu Santo, la oración de la Virgen, nuestra Madre, conceda a todos nosotros esta gracia: caminar, edificar, confesar Jesucristo.

Así sea.

"No cedamos nunca al pesimismo"

La misa con los cardenales se completaría al día siguiente, viernes 15 de marzo, con una audiencia con ellos en la Sala Clementina, donde les expresó su gratitud y les dijo:

"No cedamos nunca al pesimismo, a la amargura que el diablo nos propone cada día no cedamos al desaliento. Tenemos la firme certeza que el Espíritu Santo da a la Iglesia, con su hálito potente, el valor de perseverar y también de buscar nuevos métodos de evangelización, para llevar el Evangelio hasta los extremos confines de la tierra. La verdad cristiana es atrayente y persuasiva porque responde al deseo profundo de la existencia humana anunciando de forma convincente que Cristo es el único Salvador de toda la persona y de todos los seres humanos. Este anuncio es tan válido hoy como lo fue al principio del cristianismo cuando tuvo lugar la gran expansión misionera del Evangelio".

"Ahora volveréis a vuestras sedes para continuar con vuestro ministerio enriquecidos por

la experiencia de estos días, tan cargados de fe y de comunión eclesial. Esa experiencia, única e incomparable, nos ha permitido comprender en profundidad la belleza de la realidad eclesial, que es un reflejo del esplendor de Cristo resucitado: Un día miráremos el hermoso rostro de Cristo resucitado".

"Valor, hermanos: Probablemente la mitad de nosotros está en la vejez. Y la vejez, se dice, es la sede la sabiduría de la vida. Los viejos tienen la sabiduría que les da el haber caminado mucho. Como los ancianos Simeón y Ana en el templo cuya sabiduría les hizo reconocer a Jesús. Demos esta sabiduría a los jóvenes: como el buen vino, que con los años se vuelve todavía mejor: demos a los jóvenes la sabiduría de la vida".

El periodista Jesús Bastante escribía en su crónica de ese día: "Definitivamente, otro aire ha entrado en la Santa Sede. Un pontificado alegre, esperanzado, abierto a todos". Un Papa "sin atributos, casi sin papeles", pronunciaba palabras "cortas, precisas". "Parece que su Pontificado será así: sencillo pero impactante", decía el periodista.

En el citado encuentro, el Papa improvisó en varias ocasiones. En una de ellas informó del infarto sufrido por el anciano cardenal Jorge Mejía, que se encontraba ingresado en un centro sanitario de Roma, en concreto la clínica Pío XII. Más tarde, visitaría al citado cardenal en la clínica, donde el

personal del centro aplaudió calurosamente su presencia. También llamó personalmente, sin interme-
diarios, al padre general de los jesuitas, provocando
igualmente la sorpresa del empleado que atendía
la centralita. Comió y cenó con los cardenales en la
residencia de Santa Marta, pero no en el sitio prefe-
rente reservado para él, sino buscando un sitio libre
y mezclándose con los demás cardenales.

"Quisiera una Iglesia pobre y para los pobres"

Al día siguiente, sábado 16, se encontró con los
periodistas en el aula Pablo VI, y más de seis mil
informadores, cámaras y fotógrafos, estaban allí,
algunos de ellos junto con sus familiares. En sus palabras, el Papa les agradeció los servicios de aquellos días de la elección: "Han trabajado, ¿eh?", dijo,
y señaló que quería una Iglesia "pobre y para los
pobres":

> *Los acontecimientos de la historia requieren*
> *casi siempre una lectura compleja que a veces*
> *también puede comprender la dimensión de la fe.*
> *Los acontecimientos eclesiales no son, ciertamen-*
> *te, más complicados que los políticos o económicos.*
> *Tienen sin embargo, una característica de fondo*
> *particular: responden a una lógica que no es prin-*
> *cipalmente la lógica de las categorías, por decirlo*
> *así, mundanas, y precisamente por esto no es fácil*
> *interpretarlas y comunicarlas a un público am-*

plio y heterogéneo. *La Iglesia aunque ciertamente es una institución humana e histórica, con todo lo que esto comporta, no tiene una naturaleza política, sino esencialmente espiritual: es el pueblo de Dios. El santo pueblo de Dios que camina hacia el encuentro con Jesucristo".*

"Solo colocándose en esta perspectiva se puede dar razón plenamente de todo cuanto la la Iglesia católica obra. Cristo es el Pastor de la iglesia, pero su presencia en la historia pasa a través de la libertad de los hombres: Entre ellos, uno ha sido escogido para servir como su Vicario, sucesor del apóstol Pedro, ¡pero Cristo es el centro! El referente fundamental, el corazón de la Iglesia. Cristo es el centro; no, el sucesor de Pedro".

Con humor, explicó la elección del nombre de Francisco:

"Algunos no sabían por qué el Obispo de Roma ha querido llamarse Francisco. Algunos pensaban en Francisco Javier, en Francisco dc Sales, y también en Francisco de Asís. Yo les cuento la historia: en la elección, tenía a mi lado al Arzobispo emérito de Sao Paulo, y también Prefecto emérito para el Clero, el Cardenal Claudio Hummes: un gran amigo, ¡un gran amigo! Cuando la cosa se volvía un poco peligrosa, él me consolaba, ¿no? Y cuando los votos subieron a los dos tercios, llega el acostumbrado aplauso, porque el Papa ha sido elegido. Y él me abrazó, y me dijo: "¡No te

olvides de los pobres!". Y esa palabra entró aquí: los pobres, los pobres. Inmediatamente después, con relación a los pobres, pensé en Francisco de Asís. Después pensé en las guerras, mientras el escrutinio proseguía, hasta alcanzar todos los votos. Y Francisco es el hombre de la paz. Y así, vino el nombre a mi corazón: Francisco de Asís. El hombre de la pobreza, el hombre de la paz, el hombre que ama y custodia la Creación. En este momento en que nosotros no tenemos con la Creación una relación tan buena, ¿no? Es el hombre que nos da este espíritu de paz, el hombre pobre... ¡Ah, cómo quisiera una Iglesia pobre y para los pobres!".

"Después, algunos hicieron algunas bromas, ¿no? "Pero, tu deberías llamarte Adriano. Porque Adriano VI fue el reformador, es necesario reformar...". Y otro me dijo: "No, no: tu nombre debería ser Clemente". "¿Pero por qué?". "Clemente XV: ¡así te vengas de Clemente XIV que había suprimido la Compañía de Jesús!".

Y concluyó:

"Son bromas... Los quiero mucho, les agradezco todo lo que han hecho. Y pienso en su trabajo: les deseo que trabajen con serenidad y con frutos, y que conozcan cada vez más el Evangelio de Jesucristo y la realidad de la Iglesia. Los encomiendo a la intercesión de la Bienaventurada Virgen María, estrella de la evangelización. Y les deseo

lo mejor a ustedes y a sus familias. Y les imparto la bendición a todos de corazón. Gracias".

Una breve pausa y volvió a tomar la palabra:

"Les dije que les daba de corazón la bendición. Como muchos de ustedes no pertenecen a la Iglesia católica, otros no son creyentes, de corazón doy esta bendición, en silencio, a cada uno de ustedes, respetando la conciencia de cada uno, pero sabiendo que cada uno de ustedes es hijo de Dios. ¡Que Dios lo bendiga!"

Los aplausos sinceros de los periodistas cerraron estas expresiones del Pontífice.

"Un poco de misericordia cambia el mundo"

A mediodía del domingo, día 17, el papa Francisco rezó su primer Ángelus desde el apartamento papal. Había en la Plaza de San Pedro más de 150.000 fieles, les habló de la misericordia de Dios con expresiones como: Dios "jamás se cansa de perdonar a los hombres"; y "un poco de misericordia cambia el mundo, lo hace menos frío y más justo", e intercaló algunas anécdotas:

Hermanos y hermanas, ¡Buenos días!

Después del primer encuentro del pasado miércoles, hoy puedo de nuevo dirigirles mi saludo a todos ustedes. Y soy feliz de hacerlo el domingo, en el día del Señor. Esto es hermoso e importante para nosotros cristianos, encontrarnos el domingo: saludarnos, hablarnos como ahora aquí en la plaza. Una plaza que gracias a los medios de información tiene la dimensión del mundo.

Este quinto domingo de Cuaresma, el Evangelio presenta el episodio de la mujer adúltera que Jesús salva de la condena a muerte. Sorprende la postura de Jesús. No oímos palabras de desprecio, ni oímos palabras de condena, solo palabras de amor, de misericordia, que invitan a la conversión.

"Tampoco yo te condeno. Ve, y de ahora en adelante, no peques más".

"Pues bien, hermanos y hermanas, el rostro de Dios es el de un Padre misericordioso, que siempre tiene paciencia. ¿Han pensado ustedes en la paciencia de Dios, la paciencia que tiene con cada uno de nosotros? Esa, es pues su misericordia. Siempre tiene paciencia: tiene paciencia con nosotros, nos comprende, nos espera, nunca se cansa de perdonarnos si sabemos volver a Él con un corazón contrito.

"Grande es la misericordia del Señor", dice el salmo. En estos días, he podido leer un libro de un cardenal –el Cardenal Kasper, un teólogo inteligente, ¿eh?, un buen teólogo– sobre la misericordia. Y me ha hecho mucho bien, este libro, pero no crean que hago publicidad de los libros de mis cardenales, ¿eh? No, no es así! Pero debo decir que me ha hecho mucho bien...

El cardenal Kasper dice que sentir la misericordia, escuchar esta palabra hace cambiar todo. Es lo mejor que nosotros podemos sentir: cambia el mundo. Un poco de misericordia hace que el mundo sea menos frío y más justo. Tenemos necesidad de entender bien esta misericordia de Dios, este Padre misericordioso, que tiene tanta paciencia... Recordemos al profeta Isaías, que dice que aunque nuestros pecados fueran de color rojo escarlata, el amor de Dios los haría de color blanco como la nieve. ¡Es hermoso, eso de la misericordia!

Recuerdo, que cuando apenas fui nombrado obispo, en 1992, llegó a Buenos Aires Nuestra Señora de Fátima y se hizo una gran misa para los enfermos. Yo fui a confesar durante la Misa. Y casi al final de la misa me levanté porque tenía que administrar una confirmación. Vino hacia mí una mujer anciana, humilde, de más de 80 años. La miré y le dije: "Abuela – porque nosotros decimos así a las personas mayores: Abuela – usted quiere confesarse?". "Sí", dijo. "Pero si usted no ha pecado...". Y ella me dijo: "Todos tenemos pecados...". "Pero tal vez el Señor no los perdonará...". "El Señor perdona todo", me dijo, segura. "¿Y usted cómo lo sabe, señora?". "Si el Señor no perdonara todo, el mundo no existiría." Sentí ganas de preguntarle: "Dígame, señora, ¿usted estudió en la Gregoriana?", porque esa es la sabiduría del Espíritu Santo: la sabiduría interior a la misericordia de Dios. No debemos olvidar esta palabra: ¡Dios nunca se cansa de perdonarnos, nunca!

Padre, "¿cuál es el problema?". Bueno, el problema es que nos cansamos, no queremos, nos cansamos de pedir perdón. Él nunca se cansa de perdonar, pero nosotros a veces nos cansamos de pedir perdón. No nos cansemos nunca, no nos cansemos nunca! Él es un Padre amoroso que perdona siempre, que tiene un corazón de misericordia para todos nosotros. Y también nosotros aprendamos a ser misericordiosos con todos. Invoquemos la intercesión de la Virgen que ha tenido entre sus brazos la Misericordia de Dios hecha hombre.

Después de rezar el Ángelus, añadió:

Dirijo un cordial saludo a todos los peregrinos: gracias por su acogida y por sus oraciones. Les pido que recen por mí. Renuevo mi abrazo a los fieles de Roma y lo extiendo a todos ustedes, y lo extiendo a todos ustedes que han venido de varias partes de Italia y del mundo, así como todos aquellos que se unen a nosotros a través de los medios de comunicación. Elegí el nombre del santo patrono de Italia, san Francisco de Asís, y esto refuerza mi conexión espiritual con esta tierra, donde —como ustedes saben— tiene el origen mi familia. Pero Jesús nos ha llamado a ser parte de una nueva familia: su iglesia, en esta familia de Dios, para caminar juntos por el camino del Evangelio. Que el Señor los bendiga, la Virgen les proteja. No olviden de esto: el Señor no se cansa de perdonar! Somos nosotros los que nos cansamos de pedir perdón. ¡Buen domingo y un buen almuerzo!

Con la presidenta de Argentina

En la mañana del lunes 18 se encontró con la Presidenta de la República de Argentina, Cristina Fernández de Kirchner, en la Casa de Santa Marta. La prensa estaba alerta ante este encuentro, porque en los días previos se había aireado mucho la existencia de una mala relación entre ambos, y la misma actitud de la señora Kirchner ante la noticia de la elección de su compatriota parecía haber abonado esto cuando "al principio parecía no querer enterarse" del nombramiento de un argentino, decía la prensa, y publicó unas líneas frías y con retraso, deseando "de corazón a Francisco I que pueda lograr mayor grado de confraternidad entre los pueblos, entre las religiones". En manifestaciones posteriores, la Presidenta solicitaba la mediación del Papa en la disputa existente entre Argentina y el Reino Unido por la soberanía del archipélago de las Malvinas.

Al parecer, cuando era arzobispo de Buenos Aires, el cardenal Bergoglio había declarado que las Malvinas eran de los argentinos. La mayor parte de la prensa inglesa se limitó a recoger la solicitud de la señora Kirchner, pero el primer ministro, David Cameron, fue un poco más allá: "No estoy de acuerdo con él", declaró.

De la parte privada del encuentro entre el Papa y la Presidenta trascendió solo lo que ésta declararía más tarde: que le había hablado al Papa de las Malvinas.

En la parte que todos pudieron presenciar, por estar allí las cámaras, tanto el Papa como la Presidenta se esforzaron en mostrar que cualquier posible inconveniente anterior estaba superado. Se intercambiaron regalos (la presidenta le entregó al Papa todo lo necesario para tomar el mate), el Papa le dio un beso, y bromeó: "Yo creo que eligieron a este viejo porque no tenían otro".

El sacerdote Guillermo Marcó, que fue durante muchos años portavoz de Bergoglio, dijo en la cadena SER que el Papa colabora con decisión con los Gobiernos en todo lo que tiene que ver con el bien común, pero que del mismo modo es claro cuando algo le parece que no es admisible. Al parecer, las críticas más importantes de Bergoglio que molestaron la familia Kirchner estuvieron dirigidas contra las situaciones de pobreza y contra la corrupción en Argentina.

El mismo escudo

Ese mismo día, el Papa confirmó en sus respectivos cargos a los responsables de los dicasterios ro-

manos y se encontró con el Secretario de Estado
y con el general de los Jesuitas, el español Adolfo
Nicolás. También ese día, los servicios de prensa vaticanos informaban de que el escudo y el lema del
nuevo pontífice serían los mismos utilizados desde
su consagración episcopal. El escudo tiene fondo
azul y lleva los mismos símbolos de la dignidad pontificia de Benedicto XVI: mitra colocada entre dos
llaves de oro y plata en forma de cruz, unidas por
un cordón rojo. En lo alto campea el emblema de la
orden del Papa: la Compañía de Jesús: un sol ra-
diante, con el monograma de Cristo en rojo. La letra
H lleva una cruz encima y las puntas son tres clavos
negros. Abajo, una estrella y una flor de nardo. La
estrella, según la tradición heráldica simboliza a la
Virgen, Madre de Cristo y de la Iglesia, mientras la
flor de nardo indica a San José, patrono de la Iglesia universal. En la tradición iconográfica española,
efectivamente, san José lleva una vara de nardo.
Con esos símbolos el Papa manifiesta su amor por
la Virgen y san José.

El lema "Miserando atque eligendo" (Con senti-
miento de amor y lo eligió), procede, según hemos
dicho ya, de un pasaje de una homilía de San Beda
el Venerable comentando el relato evangélico de la
vocación de san Mateo y tiene un significado especial para el Papa, ya que a los 17 años, en la festi-
vidad de san Mateo en 1953, después de confesarse,
percibió la misericordia de Dios en su vida y sintió
la llamada al sacerdocio siguiendo el ejemplo de san

Ignacio de Loyola, según informó la Oficina de prensa vaticana.

"En menos de una semana hemos aprendido a conocer un poquito a Francisco", afirmaba Radio Vaticano. "Cinco días que han abierto un pontificado bajo el signo de la humildad, la fraternidad y la opción por los pobres".

Misa del comienzo de pontificado

En la mañana del martes 19 de marzo, solemnidad de san José, patrono de la Iglesia Universal, tuvo lugar en la Plaza de San Pedro la celebración eucarística por el inicio del ministerio del papa Francisco. Pero antes de esa misa se produjo, de nuevo, una sorpresa: A las 7.30 horas de Roma, cuando eran las 3,30 de la madrugada en la capital argentina, el Papa llamó por teléfono al rector de la Catedral de Buenos Aires y le dijo:

– Hola, Alejandro, soy yo.

Le pidió al rector que conectase los altavoces con la Plaza de Mayo, situada frente a la Catedral, que, a pesar de la hora, se encontraba en ese momento llena de fieles, que habían acudido para seguir en pantallas gigantes la misa del Papa. Con enorme emoción, los fieles allí congregados escucharon el saludo de su compatriota, que no pudo ser más cordial, y que se produjo en los siguientes términos:

"Queridos hijos, sé que están en la plaza. Sé que están rezando y haciendo oraciones, las necesito mucho. Es tan lindo rezar. Gracias por eso.

Les quiero pedir un favor. Les quiero pedir que caminemos juntos todos, cuidemos los unos a los otros, cuídense entre ustedes, no se hagan daño, cuídense, cuídense la vida. Cuiden la familia, cuiden la naturaleza, cuiden a los niños, cuiden a los viejos; que no haya odio, que no haya pelea, dejen de lado la envidia, no le saquen el cuero a nadie. Dialoguen, que entre ustedes se viva el deseo de cuidarse.

Que vaya creciendo el corazón y acérquense a Dios. Dios es bueno, siempre perdona, comprende, no le tengan miedo; es Padre, acérquense a Él. Que la virgen los bendiga mucho, no se olviden de este obispo que está lejos pero los quiere mucho. Recen por mí".

Tú eres Pedro

Poco después, el Papa salía de la Casa Santa Marta en un jeep abierto y daba una vuelta a la plaza saludando a la multitud. En un momento dado, descendió del vehículo para saludar a un discapacitado y a unos niños; después entró en la Basílica, veneró la tumba de San Pedro mientras sonaba el "Tu es Petrus" y, revestido de forma sencilla, se dirigió en procesión de nuevo a la plaza, donde tuvieron lugar los ritos del inicio del ministerio petrino: La imposición del palio, símbolo del Buen Pastor que sale a buscar la oveja perdida, y el "Anillo del pescador", de plata dorada. Después, la misa comenzó.

Concelebraron con el Papa los cardenales, representantes de las Iglesias orientales y los superiores generales de los Franciscanos menores, el padre José Rodríguez Carballo, y de los jesuitas, el padre Adolfo Nicolás. Asistían al acto 33 delegaciones de las Iglesias y denominaciones cristianas, una numerosa delegación judía y 132 representaciones de distintos países destacando en especial por su número la argentina, encabezada por la señora Kirchner, y la italiana, con el presidente Giorgio Napolitano y el primer ministro Mario Monti al frente. Además, estaban los soberanos de Bélgica y Mónaco, los príncipes de España (en una recepción posterior a la misa, el Príncipe Felipe invitaría al Papa a visitar España) y Holanda, los jefes de estado o de Gobierno de España, Austria, Brasil, Chile, México, Canadá, Polonia, Portugal, Alemania, Francia, el vicepresidente de Estados Unidos... y otros.

"El verdadero poder es el servicio"

En su homilía, el Papa recordó en primer lugar a su predecesor, Benedicto XVI, y agradeció la presencia de todos. Después, comentó el texto del evangelio del día y lo fue entreverando con ideas significativas, entre ellas el respeto a todas las criaturas de Dios y al entorno natural. Pidió "preocuparse por todos, por cada uno, con amor, especialmente por los niños, los ancianos, quienes son más frágiles y que a menudo se quedan en la periferia de nuestro corazón". Alertó contra el odio, la envidia y la soberbia, que "ensucian la vida", y acabó: "el verdadero poder es el servicio".

He aquí su texto íntegro:

Queridos hermanos y hermanas

Doy gracias al Señor por poder celebrar esta Santa Misa de comienzo del ministerio petrino en la solemnidad de san José, esposo de la Virgen María y patrono de la Iglesia universal: es una coincidencia muy rica de significado, y es también el onomástico de mi venerado Predecesor: le estamos cercanos con la oración, llena de afecto y gratitud.

Saludo con afecto a los hermanos Cardenales y Obispos, a los presbíteros, diáconos, religiosos y religiosas y a todos los fieles laicos. Agradezco por su presencia a los representantes de las otras Iglesias y Comunidades eclesiales, así como a los representantes de la comunidad judía y otras comunidades religiosas. Dirijo un cordial saludo a los Jefes de Estado y de Gobierno, a las delegaciones oficiales de tantos países del mundo y al Cuerpo Diplomático.

Hemos escuchado en el Evangelio que «José hizo lo que el ángel del Señor le había mandado, y recibió a su mujer» (Mt 1,24). En estas palabras se encierra ya la la misión que Dios confía a José, la de ser custos, custodio. Custodio ¿de quién? De María y Jesús; pero es una custodia que se alarga luego a la Iglesia, como ha señalado el beato Juan Pablo II: «Al igual que cuidó amorosamente a María y se dedicó con gozoso empeño a la educación de Jesucristo, también custodia y protege su cuerpo místico, la Iglesia, de la que la Virgen Santa es figura y modelo» (Exhort. ap. Redemptoris Custos, 1).

¿Cómo ejerce José esta custodia? Con discreción, con humildad, en silencio, pero con una presencia constante y una fidelidad y total, aun cuando no comprende. Desde su matrimonio con María hasta el episodio de Jesús en el Templo de Jerusalén a los doce años, acompaña en todo momento con esmero y amor. Está junto a María, su esposa, tanto en los momentos serenos de la vida como los difíciles, en el viaje a Belén para el censo y en las horas temblorosas y gozosas del parto; en el momento dramático de la huida a Egipto y en la afanosa búsqueda de su hijo en el Templo; y después en la vida cotidiana en la casa de Nazaret, en el taller donde enseñó el oficio a Jesús.

¿Cómo vive José su vocación como custodio de María, de Jesús, de la Iglesia? Con la atención constante a Dios, abierto a sus signos, disponible a su proyecto, y no tanto al propio; y eso es lo que Dios le pidió a David, como hemos escuchado en la primera Lectura: Dios no quiere una casa construida por el hombre, sino la fidelidad a su palabra, a su designio; y es Dios mismo quien construye la casa, pero de piedras vivas marcadas por su Espíritu. Y José es «custodio» porque sabe escuchar a Dios, se deja guiar por su voluntad, y precisamente por eso es más sensible aún a las personas que se le han confiado, sabe cómo leer con realismo los acontecimientos, está atento a lo que le rodea, y sabe tomar las decisiones más sensatas. En él, queridos amigos, vemos cómo se responde a la llamada de Dios, con disponibilidad, con prontitud; pero vemos también cuál es el centro de la vocación cristiana: Cristo. Guardemos a Cristo en nuestra vida, para guardar a los demás, salvaguardar la creación.

Pero la vocación de custodiar no sólo nos atañe a nosotros, los cristianos, sino que tiene una dimensión que antecede y que es simplemente humana, corresponde a todos. Es custodiar toda la creación, la belleza de la creación, como se nos dice en el libro del Génesis y como nos muestra san Francisco de Asís: es tener respeto por todas las criaturas de Dios y por el entorno en el que vivimos. Es custodiar a la gente, el preocuparse por todos, por cada uno, con amor, especialmente por los niños, los ancianos, quienes son más frágiles y que a menudo se quedan en la periferia de nuestro corazón. Es preocuparse uno del otro en la familia: los cónyuges se guardan recíprocamente y luego, como padres, cuidan de los hijos, y con el tiempo, también los hijos se convertirán en cuidadores de sus padres. Es vivir con sinceridad las amistades, que son un recíproco protegerse en la confianza, en el respeto y en el bien. En el fondo, todo está confiado a la custodia del hombre, y es una responsabilidad que nos afecta a todos. Sed custodios de los dones de Dios.

Y cuando el hombre falla en esta responsabilidad, cuando no nos preocupamos por la creación y por los hermanos, entonces gana terreno la destrucción y el corazón se queda árido. Por desgracia, en todas las épocas de la historia existen «Herodes» que traman planes de muerte, destruyen y desfiguran el rostro del hombre y de la mujer.

Quisiera pedir, por favor, a todos los que ocupan puestos de responsabilidad en el ámbito económico, político o social, a todos los hombres y mujeres de buena voluntad: seamos «custodios» de la creación, del designio de Dios inscrito en la naturaleza, guardianes del otro, del medio ambiente; no dejemos que los signos de destrucción y de muerte acompañen el camino de este mundo nuestro. Pero, para «custodiar», también tenemos que cuidar de nosotros mismos. Recordemos que el odio, la envidia, la soberbia ensucian la vida. Custodiar quiere decir entonces vigilar sobre nuestros sentimientos, nuestro corazón, porque ahí es de donde salen las intenciones buenas y malas: las que construyen y las que destruyen. No debemos tener miedo de la bondad, más aún, ni siquiera de la ternura.

Y aquí añado entonces una ulterior anotación: el preocuparse, el custodiar, requiere bondad, pide ser vivido con ternura. En los Evangelios, san José aparece como un hombre fuerte y valiente, trabajador, pero en su alma se percibe una gran ternura, que no es la virtud de los débiles, sino más bien todo lo contrario: denota fortaleza de ánimo y capacidad de atención, de compasión, de verdadera apertura al otro, de amor. No debemos tener miedo de la bondad, de la ternura.

Hoy, junto a la fiesta de san José, celebramos el inicio del ministerio del nuevo Obispo de Roma, Sucesor de Pedro, que comporta también un poder. Ciertamente, Jesucristo ha dado un poder a Pedro, pero ¿de qué poder se trata? A las tres preguntas de Jesús a Pedro sobre el amor, sigue la triple invitación: Apacienta mis corderos, apacienta mis ovejas. Nunca olvidemos que el verdadero poder es el servicio, y que también el Papa, para ejercer el poder, debe entrar cada vez más en ese servicio que tiene su culmen luminoso en la cruz; debe poner sus ojos en el servicio humilde, concreto, rico de fe, de san José y, como él, abrir los brazos para custodiar a todo el Pueblo de Dios y acoger con afecto y ternura a toda la humanidad, especialmente los más pobres, los más débiles, los más pequeños; eso que Mateo describe en el juicio final sobre la caridad: al hambriento, al sediento, al forastero, al desnudo, al enfermo, al encarcelado (cf. Mt 25,31–46). Sólo el que sirve con amor sabe custodiar.

En la segunda Lectura, san Pablo habla de Abraham, que «apoyado en la esperanza, creyó, contra toda esperanza» (Rm 4,18). Apoyado en la esperanza, contra toda esperanza. También hoy, ante tantos cúmulos de cielo gris, hemos de ver la luz de la esperanza y dar nosotros mismos esperanza. Custodiar la creación, cada hombre y cada mujer, con una mirada de ternura y de amor; es abrir un resquicio de luz en medio de tantas nubes; es llevar el calor de la esperanza. Y, para el creyente, para nosotros los cristianos, como Abraham, como san José, la esperanza que llevamos tiene el horizonte de Dios, que se nos ha abierto en Cristo, está fundada sobre la roca que es Dios.

Custodiar a Jesús con María, custodiar toda la creación, custodiar a todos, especialmente a los más pobres, custodiarnos a nosotros mismos; he aquí un servicio que el Obispo de Roma está llamado a desempeñar, pero al que todos estamos llamados, para hacer brillar la estrella de la esperanza: protejamos con amor lo que Dios nos ha dado.

Imploro la intercesión de la Virgen María, de san José, de los Apóstoles san Pedro y san Pablo, de san Francisco, para que el Espíritu Santo acompañe mi ministerio, y a todos vosotros os digo: Orad por mí. Amen.

Ese mismo día por la tarde, el Papa que no se pone los mocasines rojos ni la muceta, ni los calcetines o el pantalón blancos, telefoneó a Benedicto XVI, papa emérito, quien había seguido por la televisión la misa de inauguración, para felicitarle en su onomástica y para manifestarle la gratitud de la

Iglesia por su servicio, cosa que había hecho pública-
mente en numerosas ocasiones con anterioridad.
Poco después, se supo que había nombrado al sacerdote maltés Alfred Xuereb, asistente de Benedicto
XVI, como su secretario personal, y se anunciaba
que la "Misa en la Cena del Señor" del Jueves Santo la celebraría en una cárcel de Roma, en concreto
en la Institución Penal para Menores de Casal del
Marmo y no en la basílica de San Juan de Letrán,
como venía siendo habitual.

En efecto, un nuevo carisma ocupaba la Sede de
San Pedro.

Vivir la fe con alegría, en la cruz y con un corazón joven

En la homilía de la eucaristía del Domingo de
Ramos, el 24 de marzo, el nuevo Papa señala otros
aspectos importantes de la vivencia de la fe para
que sea significativa en el mundo: la alegría, la cruz,
los jóvenes; y a la vez anuncia otro gesto que llega a
la gente: celebrará la eucaristía del Jueves Santo en
el **Instituto Penal de Casal del Marmo**, donde se
encuentran recluidos menores de ambos sexos.

Este es el texto íntegro de su homilía:

*1. Jesús entra en Jerusalén. La muchedumbre
de los discípulos lo acompañan festivamente, se
extienden los mantos ante él, se habla de los pro-*

digios que ha hecho, se eleva un grito de alabanza: *«¡Bendito el que viene como rey, en nombre
del Señor! Paz en el cielo y gloria en lo alto»* (Lc
19,38).

*Gentío, fiesta, alabanza, bendición, paz. Se res-
pira un clima de alegría. Jesús ha despertado en
el corazón tantas esperanzas, sobre todo entre la
gente humilde, simple, pobre, olvidada, esa que no
cuenta a los ojos del mundo. Él ha sabido comprender las miserias humanas, ha mostrado el rostro de
misericordia de Dios y se ha inclinado para curar
el cuerpo y el alma.*

*Este es Jesús. Este es su corazón atento a todos
nosotros, que ve nuestras debilidades, nuestros
pecados. El amor de Jesús es grande. Y, así, entra en Jerusalén con este amor, y nos mira a todos
nosotros. Es una bella escena, llena de luz – la luz
del amor de Jesús, de su corazón –, de alegría, de
fiesta.*

*Al comienzo de la Misa, también nosotros la
hemos repetido. Hemos agitado nuestras palmas.
También nosotros hemos acogido al Señor; también
nosotros hemos expresado la alegría de acompa-
ñarlo, de saber que nos es cercano, presente en nosotros y en medio de nosotros como un amigo, como
un hermano, también como rey, es decir, como faro
luminoso de nuestra vida. Jesús es Dios, pero se ha
abajado a caminar con nosotros. Es nuestro amigo, nuestro hermano. El que nos ilumina en nues-*

tro camino. Y así lo hemos acogido hoy. Y esta es la primera palabra que quisiera deciros: alegría. No seáis nunca hombres y mujeres tristes: un cristiano jamás puede serlo. Nunca os dejéis vencer por el desánimo. Nuestra alegría no es algo que nace de tener tantas cosas, sino de haber encontrado a una persona, Jesús; que está entre nosotros; nace del saber que, con él, nunca estamos solos, incluso en los momentos difíciles, aun cuando el camino de la vida tropieza con problemas y obstáculos que parecen insuperables, y ¡hay tantos! Y en este momento viene el enemigo, viene el diablo, tantas veces disfrazado de ángel, e insidiosamente nos dice su palabra. No le escuchéis. Sigamos a Jesús. Nosotros acompañamos, seguimos a Jesús, pero sobre todo sabemos que él nos acompaña y nos carga sobre sus hombros: en esto reside nuestra alegría, la esperanza que hemos de llevar en este mundo nuestro. Y, por favor, no os dejéis robar la esperanza, no dejéis robar la esperanza. Esa que nos da Jesús.

2. Segunda palabra: ¿Por qué Jesús entra en Jerusalén? O, tal vez mejor, ¿cómo entra Jesús en Jerusalén? La multitud lo aclama como rey. Y él no se opone, no la hace callar (cf. Lc 19,39-40). Pero, ¿qué tipo de rey es Jesús? Mirémoslo: montado en un pollino, no tiene una corte que lo sigue, no está rodeado por un ejército, símbolo de fuerza. Quien lo acoge es gente humilde, sencilla, que tiene el sentido de ver en Jesús algo más; tiene ese sentido de la fe, que dice: Éste es el Salvador.

Jesús no entra en la Ciudad Santa para recibir los honores reservados a los reyes de la tierra, a quien tiene poder, a quien domina; entra para ser azotado, insultado y ultrajado, como anuncia Isaías en la Primera Lectura (cf. Is 50,6); entra para recibir una corona de espinas, una caña, un manto de púrpura: su realeza será objeto de burla; entra para subir al Calvario cargando un madero. Y, entonces, he aquí la segunda palabra: cruz. Jesús entra en Jerusalén para morir en la cruz. Y es precisamente aquí donde resplandece su ser rey según Dios: su trono regio es el madero de la cruz. Pienso en lo que decía Benedicto XVI a los Cardenales: Vosotros sois príncipes, pero de un rey crucificado. Ese es trono de Jesús. Jesús toma sobre sí... ¿Por qué la cruz? Porque Jesús toma sobre sí el mal, la suciedad, el pecado del mundo, también el nuestro, el de todos nosotros, y lo lava, lo lava con su sangre, con la misericordia, con el amor de Dios. Miremos a nuestro alrededor: ¡cuántas heridas inflige el mal a la humanidad! Guerras, violencias, conflictos económicos que se abaten sobre los más débiles, la sed de dinero, que nadie puede llevárselo consigo, lo debe dejar. Mi abuela nos decía a los niños: El sudario no tiene bolsillos. Amor al dinero, al poder, la corrupción, las divisiones, los crímenes contra la vida humana y contra la creación. Y también – cada uno lo sabe y lo conoce – nuestros pecados personales: las faltas de amor y de respeto a Dios, al prójimo y a toda la creación. Y Jesús en la cruz siente todo el peso del mal, y con la fuerza del amor de Dios lo vence, lo derrota en su resurrección. Este es el bien que Jesús nos hace a todos en el trono de la cruz. La cruz de Cristo, abrazada con amor, nunca conduce a la tristeza, sino a la alegría, a la alegría de ser salvados y de hacer un poquito eso que ha hecho él aquel día de su muerte.

3. Hoy están en esta plaza tantos jóvenes: desde hace 28 años, el Domingo de Ramos es la Jornada de la Juventud. Y esta es la tercera palabra: jóvenes. Queridos jóvenes, os he visto en la procesión cuando entrabais; os imagino haciendo fiesta en torno a Jesús, agitando ramos de olivo; os imagino mientras aclamáis su nombre y expresáis la alegría de estar con él. Vosotros tenéis una parte importante en la celebración de la fe. Nos traéis la alegría de la fe y nos decís que tenemos que vivir la fe con un corazón joven, siempre: un corazón joven incluso a los setenta, ochenta años. Corazón joven. Con Cristo el corazón nunca envejece. Pero todos sabemos, y vosotros lo sabéis bien, que el Rey a quien seguimos y nos acompaña es un Rey muy especial: es un Rey que ama hasta la cruz y que nos enseña a servir, a amar. Y vosotros no os avergonzáis de su cruz. Más aún, la abrazáis porque habéis comprendido que la verdadera alegría está en el don de sí mismo, en el don de sí, en salir de uno mismo, y en que él ha triunfado sobre el mal con el amor de Dios. Lleváis la cruz peregrina a través de todos los continentes, por las vías del mundo. La lleváis respondiendo a la invitación de Jesús: «Id y haced discípulos de todos los pueblos» (Mt 28,19), que es el tema de la Jornada Mundial de la Juventud de este año. La lleváis para decir a todos que, en la cruz, Jesús ha derribado el muro de la enemistad, que separa a los hombres y a los pueblos, y ha traído la reconciliación y la paz. Queridos amigos, también yo me pongo en camino con vosotros, desde hoy, sobre las huellas del beato Juan Pablo II y Benedicto XVI. Ahora estamos ya cerca de la próxima etapa de esta gran peregrinación de la cruz de Cristo. Aguardo con alegría el próximo mes de julio, en Río de Janeiro. Os doy cita en aquella gran ciudad de Brasil. Preparaos bien, sobre todo espiritualmente en vuestras comunidades, para que este encuentro sea un signo de fe para el mundo entero. Los jóvenes deben decir al mundo: Es bueno seguir a Jesús; es bueno ir con Jesús; es bueno el mensaje de Jesús; es bueno salir de uno mismo, a las periferias del mundo y de la existencia, para llevar a Jesús. Tres palabras: alegría, cruz, jóvenes.

Pidamos la intercesión de la Virgen María. Ella nos enseña el gozo del encuentro con Cristo, el amor con el que debemos mirarlo al pie de la cruz, el entusiasmo del corazón joven con el que hemos de seguirlo en esta Semana Santa y durante toda nuestra vida. Que así sea.

CAPÍTULO 6

MIRANDO AL FUTURO

Cabe preguntarse, antes de terminar, por los obstáculos que tendrá que esquivar el papa Francisco y por las labores que se encuentra pendientes.

Desde luego, una labor pendiente parece que es el continuar evitando los obstáculos que más han desfigurado el rostro de la Iglesia en fechas recientes, en particular los abusos a menores. La reacción que tuvo el Papa al encontrar en la basílica de Santa María la Mayor al cardenal Law indican que mantendrá el esfuerzo de purificación iniciado por su predecesor Benedicto XVI en esta materia.

Otros obstáculos están más cerca aún de él, y tomaron cuerpo en fechas recientes en hechos como el robo de documentos pontificios y en maniobras relacionadas con el banco vaticano. La reforma de la Curia, indudablemente, es otro trabajo pendiente.

Benedicto XVI, en su homilía del Miércoles de Ceniza, citó como hechos que desfiguran el rostro de la Iglesia las "divisiones" internas, y subrayó la necesidad de "una más intensa y evidente comunión eclesial, superando individualismos y rivalidades". La necesidad de una Iglesia reconciliada y fraterna parece una asignatura pendiente a todos los niveles eclesiales. El mensaje del vicario general en Roma, Agostino Vallini, daba esperanza en esta materia cuando dijo: "hará sentir su proximidad para que la Iglesia sea la casa de todos y nadie sienta la incomodidad de no estar bien".

El 15 de marzo, en el encuentro con los cardenales que lo eligieron, el papa Francisco tuvo la siguiente expresión de acogida a la diversidad: "Es curioso: yo pienso que el Paráclito da todas las diferencias en las Iglesias y parece como si fuera un apóstol de Babel. Pero, por otra parte, es eso lo que forma la unidad de estas diferencias no en la homogeneidad, sino en la armonía".

Un Papa que busca sitio donde sentarse junto a los demás parece claro que avanzará en colegialidad. Desde hace tiempo, resulta evidente que el esfuerzo que suponen, por ejemplo, los sínodos no guarda relación ni con las dinámicas de trabajo establecidas en ellos ni, menos aún, con los frutos. En este importante instrumento colegial, y en otros, se puede avanzar. Lo necesita Iglesia y, si miramos a Benedicto XVI, parece deducirse que lo necesitan también los pontífices.

En la entrevista que el papa Francisco concedió a la emisora de radio La 96, Voz de Caacupé, la última antes de su elección, el hoy Sumo Pontífice describía tres maneras de gobierno en la Iglesia, y en ella ponía de relieve la importancia del pueblo de Dios:

"Uno puede ser pastor de tres maneras, y a veces tiene que usar las tres maneras. O el pastor que va delante marcando el camino, o el pastor que va a los costados cuidando que no se desmadre la cosa, que siga más o menos todo junto, o el pastor que va detrás siguiendo el camino que las ovejas van marcando con su olfato. «Muchas veces, la brújula, el olfato lo tiene el pueblo de Dios, el santo y fiel pueblo de Dios. Vos tenés que mirar para dónde va, porque el Espíritu Santo es el que trabaja el corazón del fiel pueblo de Dios".

Un gran reto es la nueva evangelización y la eficacia del anuncio del Evangelio en una sociedad muy secularizada. Dejó ver ante los cardenales que sería necesario dar impulso al Año de la Fe. Pero el obstáculo no está solo fuera, sino también en el cansancio visible en sectores eclesiales. El talante tan positivo de este Papa puede ayudar en esto. Es un buen transmisor, animoso, dinamizador, abierto a nuevos métodos de evangelización. En su encuentro del 15 de marzo con los cardenales, dijo: "Tenemos la firme certeza que el Espíritu Santo da a la Iglesia, con su hálito potente, el valor de perseverar y también de buscar nuevos métodos de evangelización, para llevar el Evangelio hasta los extremos confines de la tierra. La verdad cristiana es atrayente y persuasiva porque responde al deseo profundo de la existencia humana anunciando de forma convincente que Cristo es el único Salvador de toda la persona y de todos los seres humanos. Este anuncio es tan válido hoy como lo fue al principio del cristianismo cuando tuvo lugar la gran expansión misionera del Evangelio".

"Los pobres y los últimos se sentirán comprendidos y amados", afirmaba el cardenal Vallini, y esta es otra característica que tomará fuerza en este pontificado, según todas las fuentes. "Quisiera una Iglesia pobre y para los pobres", recordemos que les dijo a los periodistas en el encuentro con ellos el 16 de marzo.

Por último, el papa Francisco es un hombre espiritual, posee una espiritualidad viva y bien enraizada en la tradición de la Iglesia, que bebe en san Ignacio y en san Francisco. También en este terreno su aportación puede ser fundamental, porque el hombre de hoy busca interioridad y está necesitado de elementos de sentido.

Con cercanía, con sencillez, este Papa de rostro tan humano ha suscitado en la Iglesia grandes esperanzas.